丛书编委会

大家精要

李 翱

谭绍江 著

陕西师范大学出版总社

图书代号 SK16N1060

图书在版编目(CIP)数据

李翱 / 谭绍江著. —西安：陕西师范大学出版总社有限公司，2017.1（2024.1重印）

（大家精要）

ISBN 978-7-5613-8882-2

Ⅰ.①李… Ⅱ.①谭… Ⅲ.①李翱（774—836）—传记 Ⅳ.①K825.6

中国版本图书馆CIP数据核字（2017）第001786号

李 翱 LI AO

谭绍江 著

责任编辑	郑若萍	
责任校对	马凤霞	
特约编辑	宋亚杰	
封面设计	张潇伊	
出版发行	陕西师范大学出版总社	
	（西安市长安南路199号　邮编710062）	
网　址	http://www.snupg.com	
印　制	永清县晔盛亚胶印有限公司	
开　本	650 mm×930 mm　1/16	
印　张	10	
字　数	100千	
版　次	2017年1月第1版	
印　次	2024年1月第2次印刷	
书　号	ISBN 978-7-5613-8882-2	
定　价	45.00元	

读者购书、书店添货或发现印刷装订问题，请与本公司销售部联系、调换。

电话：（029）85303879　　传真：（029）85307864　85303629

目　录

第 1 章

青葱岁月

任何优秀人物的诞生都需要经历人生的磨砺，任何杰出成就的取得也需要经由勤奋的累积和时间的检验。要全面认识一位优秀人物及其不凡的成就，最佳方法是沿着他成长的轨迹慢慢地了解和品析。"青葱岁月"就是一段成长轨迹最初的那个阶段，也是每个人物立下志向并积蓄最基本的人生力量的阶段。

一、动荡的时代

优秀人物的成长离不开时代的造就，他所有的成就与不足都与他所处时代密切相关。了解一个人物，就必须先了解他所生活的时代。作为本书主人公，李翱所处的是个什么样的时代呢？

众所周知，繁盛的大唐王朝从玄宗朝的"安史之乱"开始便走向了由盛转衰的阶段。从762年叛乱平息至907年，凡一百四十五年中，充斥着宦官专权、朝臣党争、藩镇战乱等现象，整个是一个动荡时代。具体而言，李翱一生经历了代、德、顺、宪、穆、敬、文七朝，其动荡的时代特点我们可以从四个方面来了解。

混乱的政局

藩镇割据是李翱生活时代国家政治最大的混乱之源。"安史之乱"虽然平定，但由此引发的地方节度使不断扩大实力与野心的趋势却就此一发不可收拾，藩镇割据的形势由此形成。

唐肃宗、代宗时期，唐王朝对外面临着外族吐蕃势力不断增强的攻击压力，国防吃紧，为了增强国防，唐朝中央政权不得不依赖于地方节度使的实力。因此在此时期，朝廷基本上对节度使的割据采取姑息政策，助长了地方藩镇的嚣张气焰，叛乱不断发生。唐代宗大历十年（775），魏博节度使田承嗣作乱，军士疯狂掠夺数日；同年三月，陕州军乱，逐观察使李国清，纵兵大掠。此时，李翱四岁。到了唐德宗时期，朝廷力图平藩，否决了成德节度使李宝成之子李惟岳继袭节度使职位的要求，李惟岳遂与田承嗣之子田悦，卢龙节度使朱滔、王武俊联合叛唐。建中三年（782）十一月，朱滔、田悦、王武俊及李正己之子李纳皆自称王。后朱泚、李希烈皆自称帝，史称"二帝四王之乱"。面对叛军汹汹攻势，德宗如其先辈玄宗一样，被迫出逃长安。"二帝四王之乱"持续五年之久，至贞元二年（786）以德宗与藩镇妥协而告终。此乱在李翱十岁至十五岁时发生。李翱家乡汴州也是节度使变乱的重地，德宗贞元十年、十五年连续多次发生兵变，使李翱的生活也受到影响。从总体上看，可能中唐时期朝廷在对待藩镇割据时表现最佳的也就是唐宪宗了。他在元和年间主持了平定魏博、成德、淄青、淮西四大节度使叛乱的战争，被称为"元和中兴"，尤其是由宰相裴度指挥的"平淮西"战争影响甚大，李翱的老师韩愈也曾亲自参战。不过，这种安定的局面持续时间并不长，唐宪宗死后不久，很快各地又重现割据叛乱局面。

宦官专权是中唐时期国家政治黑暗混乱的又一根源。中国古代社会自秦朝以后基本上实施的是皇权专制制度，皇帝为加强自己的权力，往往采取信任身边宦官来压制朝臣的办法。这使得宦官专权在整个秦以后的中国古代历史中成为一个难以根除的痼疾，尤其以东汉、唐朝以及明朝为甚。唐朝的宦官专权始于唐肃宗时期。他任用宦官李辅国为亲信，将朝政弄得一团混乱，使国家由盛转衰。到了唐德宗时期，这种情况愈加严重。唐德宗为了制衡地方节度使，任命宦官为监军，到各地监视地方大员。到了贞元十二年（796），唐德宗更是任命宦官窦文场、霍仙鸣为左、右神策军中尉，掌管了宫廷的禁卫部队。宦官权力日益坐大，掌握整个朝政大局，横征暴敛，无恶不作，甚至连皇帝的废立也由他们操纵。其中，唐代宗、唐穆宗由宦官拥立，唐顺宗、唐敬宗都死于宦官之手，唐宪宗既由宦官拥立，又死于宦官之手。宦官专权引起了一部分有正义感的朝臣和知识分子的不满，他们以自己的力量与黑暗的政治进行对抗。

永贞年间（805），王伾、王叔文、韦执谊、柳宗元、刘禹锡、韩泰、韩晔、陈谏、凌准和程异等大臣辅助唐顺宗实行改革，打击腐败势力，削夺宦官权力，史称"永贞革新"。最终，宦官俱文珍勾结荆南节度使韦皋、裴均和河东节度使严绶，里应外合，逼迫顺宗退位，拥立太子李纯。随后，改革派遭受打击，王伾、王叔文遂被贬，王伾病逝，王叔文被贬后又赐死。其余八人被贬为偏远州郡的司马，史称"二王八司马"事件。835年，唐文宗太和九年，唐文宗和大臣李训、郑注策划剿灭宦官，以请当权宦官仇士良入宫看"甘露"为名，埋伏刀斧手进行刺杀。不过最后计划泄露，遭到宦官集团的疯狂报复。他们软禁唐文宗，杀害李训、郑注等一千多人，史称"甘露事变"。李翱的师弟皇甫湜即死于此次事变。在政治实践中的对抗连续被宦官镇压的情况下，仁人志士们用手中的笔表达愤慨，针砭时弊。李翱好友柳宗元在被贬谪柳州期间，即写下名篇《捕蛇者说》，对皇室和宦官对民间疯狂搜刮的暴政进行鞭挞，发出了"苛政猛于虎也"的怒吼。李翱另一位好友白居易也写下了名篇《卖炭翁》，目标直指以为皇宫采办货物为借口强买强卖、欺压百姓的宦官。

除藩镇割据、宦官专权之外，朝臣党争也是中唐政局混乱动荡的又一表现。唐宪宗元和三年（808），在朝廷举行的官员选拔考试——"贤良方正能直言极谏科"考试中，牛僧孺、李宗闵、皇甫湜三人在考卷中直抒胸臆，批评时政，无所顾忌，被考官杨于陵、韦贯之评为上等，请求皇帝重用。这种做法严重侵犯了时任宰相李吉甫的利益。因为李吉甫本人是靠祖上荫护获得官职的，是世家大族势力的拥护者，也是考生们批评与针对的对象。于是李吉甫就私下向唐宪宗告状，说这几个被选中的考生本身就是考官杨于陵的亲戚。宪宗信以为真，就把主考官贬谪。牛僧孺等人长期充当藩镇幕僚，久不调用，是以开朋党斗争之序幕。牛党以牛僧孺、李宗闵等进士为代表，李党以李吉甫之子李德裕等世家大族子弟为代表。牛、李两党各自依靠不同的宦官支持，在选官、科举、对外等问题上相互针对，不顾国家利益，加剧了政治局面的混乱。

李翱是望族后裔，又是进士出身，宦海沉浮几十年，在当时政治官场中交游广泛。因此，他对藩镇割据、宦官专权、朝臣党争等时政大事都有切身体会。这些现实情况既影响到了李翱的经历，也影响到了李翱的政治主张，他自己的文章创作清晰体现出种种影响。

凋敝的经济财政

土地兼并问题是中国古代社会经济的基本问题。唐朝初年，政府实行均田制，把南北朝以来战乱中造成的大量无主荒地分给无田耕种的流民百姓，同时又不触及地主们已经占有的土地。这样的措施在唐朝早期协调了各方利益，促进了经济迅速发展。但随着经济发展与皇权地位的加强，占有大片土地的官僚、地主逐渐增多，土地兼并大量出现。唐玄宗开元末年和天宝年间以来，王公百官及富豪之家相互攀比着吞并土地，置办田产，不把国家法律放在眼里。他们借着闹饥荒向有地农民放高利贷，然后夺其田产，使得老百姓无处安身。土地兼并的过程也就是均田制被破坏的过程。世家大族的庄田越来越大，他们虽坐拥万贯家财却可以不用交税。自耕农们田地狭小，几无立锥之地却要遭受国家不断加重的苛捐杂税。这就使得自耕农们不断破产，沦为大户人家的庄客、雇农。这又反过来进一步加剧了赋税的征收难度，可是国家在官员俸禄、军费方面的财政支出却日益增加，这一进一退，就使得国家财政收入基本陷入窘境，接近崩溃境地。

为了缓解财政难题，唐代的一些地方官相继进行了一系列的税收改革，如第五琦的榷盐法和刘晏的榷盐新法等。这些政策所采取的都是新开税源的措施，主要是增加了贸易税和盐税的征收。此举虽然在一定程度上缓和了极度紧张的局面，但治标不治本，土地的问题没有得到根本解决。更大的改革出现在唐德宗时期。建中元年（780），宰相杨炎实施税法改革，废除过去的租庸调制，实行"两税法"，即要求全国核定户籍人口财产，统一按每户的实有田亩和财产征税，每年分夏秋两季交纳。

"两税法"按财产多少把税户分为九等，按户等纳税。其本质是用户税和地税为主要征税标准代替租庸调制下的以人口为征收标准。

两税法推行以后，一方面在一定程度上改变了贫富负担不均的现象，因为没有土地而租种他人土地的人，就只交户税，不交地税；另一方面也扩大了国家的税收来源，加强了中央的经济力量，因为两税法规定无论主户、客户，均按田亩资产多寡交税，贵族官僚、富商地主都不得免除。不过，两税法的积极作用只维持了很短一段时间，在李翱成年以后的时代，统治者搜刮成性，又增添了许多新的苛捐杂税名目，再加上当时农产品贬值的原因，广大农民还是不堪其重，生活愈加困苦。

佛、道的广泛传播与三教融合的趋势

经过魏晋南北朝的充分发展，隋唐时期，佛教与道教两种宗教的传播达到空前鼎盛的高度。

由于皇族的支持，道教在唐代享有极为崇高的地位。李唐王朝的皇帝都以老子后裔自居，积极扶持道教，力图借助神权来巩固皇权。早在唐高祖时期，就确定了道先、儒次、佛末的三教次序，拟定了尊崇道教的方针。唐高宗又追尊老子为太上玄元皇帝，下诏以《道德经》为上经。唐玄宗时期，皇帝遣使搜访道经，纂修《道藏》，并亲自为《道德经》作注，又命令两京、诸州修设玄远皇帝庙，并将《老子》《庄子》《列子》和《文子》等道家文献列为国子学学习的科目，每年以明经的类型参加科举考试。由于执政者的提倡，唐代的道观增加迅速，达到1689所。到中唐时期，皇帝不仅崇奉道教，而且还沉溺于其中，他们信赖方士，服食仙丹，寄望成仙。唐文宗、武宗、宣宗都因服食丹药而死。连唐朝的公主也有出家当女道士的，如睿宗的金仙、玉真二公主，玄宗的新昌、永穆二公主等等。士大夫中间沉溺道教、服食丹药中毒而死的就更多，申请加入道教的也不少，著名诗人、集贤院学士贺知章也请度为道士，可见当时道教在社会上的地位之高。

佛教自东汉传入中国以后，经过漫长演变，到唐代也已达到了传播的高峰，佛教力量渗入社会的各个层面，甚至出现了中国化的佛教——禅宗。如同道教一样，佛教也得到君王的青睐。唐高祖时期就在京城聚集高僧，立十大德，管理一般僧尼。太宗即位后，拨巨资修建译经场，建立重要的寺刹。贞观年间的玄奘和尚，违法越境赴印度求法取经，回国后却受到"国宝"级待遇。唐太宗亲自接见，并为他提供优厚待遇，组织大规模译场，受他影响的达官贵人以及平民人数众多。武则天曾请高僧为其讲《华严经》。不空和尚在玄宗、肃宗和代宗三朝任官，出入宫门，封肃国公。唐宪宗曾下诏将法门寺的佛指舍利迎到皇宫里供奉。同时，佛教的寺院经济也得到了迅速发展，到会昌五年（845）武宗下令毁佛时，拆毁的寺院达4600余所，佛教建筑40000余座，强迫僧尼还俗的达260500人，可见佛教在当时的盛行程度。

道教与佛教的大规模传播给中唐时期的社会文化发展带来极大影响。从负面看，大量民众加入宗教，不从事劳动，减少了社会劳动力的供给；同时，宗教寺观也掌握着不小的经济财产，却又不用交赋税，这也加剧了国家的财政危机。一部分知识分子沉溺于道、佛的世界而不能自拔，他们中间，有人是因倾慕佛教、道教的社会经济地位而入教，有人是因对残酷现实失望而避入宗教，还有人是为了祈求长寿福禄而入教，总之反映了当时思想界的一种浮躁、庸惫的情绪。从正面看，道教和佛教都大大发展了自己的理论、流派，留下了许多优秀的文化成就。唐代的道教涌现了一批思想家，在学术上也建树颇丰。司马承祯就撰有《坐忘论》《天隐子》；著名医学家、道教学者孙思邈曾注《老子》《庄子》；成玄英为《老子王弼注》和《庄子郭象注》作疏，影响都很大。佛教学者更是人才辈出，出现了著名的天台宗、法相宗、华严宗和禅宗四大宗派，流传久远。

面对宗教尤其是佛教的传播泛滥局面，一部分有识之士奋起进行批判。他们不甘于这样的现状，在逆境下反思如何解决时代的矛盾，决心重振中华儒学的地位，收拾人心。在这种批判中，三教文化得到进一步交流，知识分子们在重建儒学的过程中，也吸收了佛教、道教的思想观点，创造出了新的儒学思想成果。李翱正属于这批人中间的代表人物。

变化之中的文坛风气

随着社会经济的变化，中唐以来的文坛也发生着巨变。这种变化主要包括两个运动，一个是诗歌的新乐府运动，另一个是文章写作的古文运动。

乐府本是西汉时期朝廷采诗配乐的机构，后人以机构为诗歌命名，把能入乐的诗歌都叫乐府。后来，一些诗人为了更好地反映社会现实，便摆脱音乐束缚从事创作，于是出现了"新乐府"的诗歌。新乐府运动实际上从魏晋南北朝就兴起，到了中唐时期达到一个新的高峰时期。大诗人李绅、元稹、张籍、白居易等进一步突破乐府诗歌的旧有规范限制，把目光投向更为基层的百姓生活，写出了许多脍炙人口、思想深刻的现实主义诗歌作品。

古文运动与中唐的新乐府运动几乎同时进行。古文运动针对的是魏晋南北朝居于主体地位的骈体文。骈体文发展到唐朝时已经变得形式僵化，过于追求辞藻华丽，讲究声律、用典，对文章内容则不太重视，形成了萎靡的文风。它阻碍了思想的自由表达，严重束缚了文学的发展。于是一批有见识的知识分子发起了摒弃骈文，复兴先秦两汉古文写作的运动，名义上是复古，实际上却是要吸收古代散文的优点，创造出自由朴实、注重实际内容的新的文体，代替旧的骈体文章形式。古文运动虽是文学变革，其最核心的内容还是思想的变革，目的是要借文章的复古来达到儒学的复兴。

中唐时期古文运动的主要人物以韩愈为旗手，包括柳宗元、李翱、皇甫湜、张籍等人。李翱正是其中杰出的代表人物。

二、望族后裔

唐朝时期还是一个注重门第出身的时代，门第出身对一个年轻人的成长具有十分重要的意义。李翱在这方面具有什么优势与劣势？这些优势与劣势在其成长过程中又起到了哪些作用呢？我们要从他的出生开始说起。

何谓郡望

唐代宗大历七年（772），李翱出生于河南道汴州陈留县安丰乡（今河南省开封市陈留镇）一个门第显赫但家境贫寒的小地主家庭。这个家庭的情况听起来让人有些困惑，因为门第显赫与家境贫寒两个特点显然是相互矛盾的。这个奇怪的状况是由当时的历史环境造成的。

先来看"门第显赫"。之所以李翱家可以称为"门第显赫"，主要在于他们家的"郡望"是"陇西李氏"。

要理解这个说法，必须先弄清楚"郡望"这个词的含义。"郡望"是中国姓氏文化发展中的重要概念，它是"郡"与"望"的合称。"郡"指行政区划，意味着一个姓氏最初的祖籍所在地；而"望"指名门望族，意味着一个姓氏中比较显耀的宗族。"郡望"连用，即表示以某一地域作为祖籍的名门大族。"郡望"的出现与中国历史的发展密切相关。

"郡"这个称谓出现的历史原因就是人口的迁徙变动。秦汉以后，随着家族的繁衍，人口大量迁徙，各民族融合大大加强，人口的姓氏也随之发生了复杂的变化，同一个姓的人口其祖先来历却各不相同，例如"刘"姓，既有原先的汉族人，也有改了姓的匈奴人。在这种情况下，单凭姓氏已经无法辨别血缘谱系的同异了。而人们普遍采取的就是"郡"+"姓氏"的方法。"郡"即指某一个家族祖先最初居住的原籍。此一祖先如果后代人丁兴旺，自然会以几何级数不断发展壮大，从一家人发展为几家人，由几家人发展为几十家人，幸运者甚至会成为一个人口庞大的族群。在社会变动剧烈乃至兵荒马乱的条件下，不可能所有人都住在原籍，必然会四处迁徙。那么在迁徙过程中，各个分支人口则必须牢记自己祖先的原籍并世代延续。有了"郡"，则不管后来人口如何迁徙，来自同一个原籍的同姓族群总是可以辨别出来。这也算是中华民族注重"慎终追远，民德归厚"的一个传统。这一传统即使在21世纪的今天依然在很多中国人乃至海外华人那里得到良好的保存。

"望"这个称谓出现的历史原因就是魏晋以来门第观念的盛行。其最开始的源头在于曹魏时期魏文帝曹丕采取的"九品中正制"的选官制度。九品中正制，顾名思义，就是将所要选拔的人才分成上上、上中、上下、中上、中中、中下、下上、下中、下下九个品级，按照人才的品级来授予官职。那么区分人才品级的内容有哪些呢？主要有三个内容。第一是家世，即家庭出身和背景。这包括了父祖辈的资历，即仕宦情况和爵位高低等。这些材料被称为簿世或簿阀，是中正官必须详细掌握的。第二是行状，即个人品行才能的总评，相当于现在的品德评语。当时的总评一般都很简括，如"天材英博、亮拔不群""德优能少"等。第三是定品，即确定品级。定品原则上依据的是行状，家世只作参考，但到了晋以后则反了过来，完全以家世来定品级。原因很简单，因为有资格进行品评的上层官员基本上都出身于世家大族，为了本族利益，肯定会逐渐将家世设定为最重要的标准了。因此，出身寒门者行状评语再高也只能定在下品，出身豪门者行状不佳亦能位列上品，于是就形成了当时"上品无寒门，下品无士族"的局面，世代显贵的家族就成为了望族，为其他姓氏乃至同一姓氏的其他宗族所仰望。

唐时，"郡望"风俗已十分成熟，各个姓氏均有属于自己的"郡望"。同时，门第观念依然表现出了强大的力量，整个官僚系统的上层基本上仍由世家大族所把持，寒门庶族子弟颇难染指。有人统计过，有唐一代，担任过宰相的达数百人，而出身于寒门的只有贞观朝宰相马周一人，门第势力的强大，在当时可见一斑。在这种环境下，许多人都想办法在"郡望"上做文章，抓住"郡望"本身并不一定和某人的出生地相等的特点，纷纷选择门第更高者作为自己的"郡望"，不顾自己原来的籍贯，而听者也并无法考证，只能选择相信，一传十，十传百，一个寒门出身的人逐渐就变成了望族后裔。例如，李翱的老师韩愈就是典型代表。当时姓韩的人有四支郡望，"昌黎韩氏""南阳韩氏""颍川韩氏"和"陈留韩氏"。四支郡望中，"昌黎韩氏"和"南阳韩氏"的声望远强于另两支。尤其是"昌黎韩氏"（不是今河北昌黎，而是今辽宁凌源），在韩愈之前出过名相韩休（相玄宗）、韩滉（相德宗），声名显赫。故此韩愈就去依附，处处称自己为"昌黎韩愈"。久而久之，大家也都承认了这个身份，称他为"韩昌黎"。实际上他不仅没有出生于昌黎，也不是来自"昌黎韩氏"，而是"颍川韩氏"或"陈留韩氏"。

陇西李氏

不过与韩愈相比，李翱要幸运得多，因为他本身即出身于"陇西李氏"这个门第显耀的望族。"陇西李氏"即指发源于"陇西成纪"（在今甘肃省静宁县西南部）的李氏家族，属于当时全国最显耀的"五家七族"的重要成员——陇西李氏、赵郡李氏、清河崔氏、博陵崔氏、范阳卢氏、荥阳郑氏和太原王氏。据历史资料显示，李翱的这个出身是有据可查的，并非冒认名宗。《旧唐书》称李翱是"凉武昭王之后"，《新唐书》也称李翱"魏尚书左仆射（李）冲十世孙"，这两种说法都承认了他的"陇西李氏"身份。《旧唐书》所说的"凉武昭王"叫李暠，字玄盛，是西汉名将"飞将军李广"的十六世孙。大概是在汉代中叶，其先祖从陕西关中迁徙到了甘肃凉州一带，自后世为西州大姓，东汉时曾出过西凉军阀李傕，是董卓手下，董卓死后大乱过长安。李暠建立功业则在南北朝时期。他先做过北凉国的效谷县令、敦煌太守等官职。400年，李暠拥兵自立，成立西凉国，以敦煌为都城，疆土广及西域。他去世后，谥为"武昭王"。堪称一代枭雄的李暠正是"陇西李氏"郡望的开创者。《新唐书》所谓的"魏尚书左仆射（李）冲"为李暠的曾孙。李暠所创立的西凉国功业没能延续太长时间，421年就被北凉国灭掉，李氏一族则不得不逃到更远的西边，向游牧部落柔然臣服。直到二十一年后，北凉国被北魏灭掉，李冲父亲李宝才东归，向北魏太武帝拓跋焘归服，受封公爵。李冲成年后亦在北魏朝为臣，并在北魏孝文帝时期担任过中书令、尚书左仆射直至尚书仆射（宰相）之职。李冲算得上是北魏名臣，在位期间，他以卓越的政治才能协助北魏孝文帝进行汉化改革，作出了不小的贡献，深得孝文帝信任。

既然是李暠和李冲的后代，李翱的"陇西李氏"出身名副其实。不过单从门第联系来看，仍然有所遗憾，那就是没能进一步和皇族沾上关系。据《新唐书·高祖纪》记载，唐朝开国皇帝李渊也是"凉武昭王之后"，"陇西李氏"乃是当今皇族的郡望所在，"陇西李氏"也因之号为唐代第一大姓。既然如此，为何李翱没能成为皇族成员呢？这里有个历史缘故。天宝六年（747），唐玄宗下诏书，专文确定了皇族的属籍。据诏书宣称："自今以后，凉武昭王孙（李）宝以下，绛郡、姑臧、敦煌、武阳等四公子孙，并宜隶入宗正寺，编入属籍。"也就是说，并不是所有从"凉武昭王"李暠所繁衍出的"陇西李氏"子孙都有资格来攀附皇族，而只有其中属于李暠孙子李宝所生的绛郡公、姑臧公、敦煌公、武阳公四人的子孙才具备这个资格。

按照这个划分，李翱的十世祖李冲刚好在这个范围之外，当然李翱也就没有机会了。尽管如此，成年后的李翱仍然在有限的机会内做过一些努力。例如，他对担任过节度使的皇室宗亲李夷简就处处以"从叔"相称，以拉近与皇族的距离。不仅如此，对李姓的另一个望族——"赵郡李氏"，李翱也同样进行了拉近关系的处理。此支李氏的始祖为战国名将赵武安君李牧，按照属籍显然与"陇西李氏"不相联系。但李翱在遇到了出身"赵郡李氏"的名士时，亦尽量与之亲近，加强联系。例如，他与曾担任过京兆尹的李逊交往时，亦称对方为"从叔"。需要指出的是，李翱这些做法在今天看来似乎有些太功利，不符君子之道。但考虑到当时的环境，李翱这些做法也可以理解。一方面这些做法在当时是普遍习俗，属于迫于环境所采取的自保措施。另一方面，李翱通过这些方法所要达到的目的并不是为了个人享乐的私欲，而是实现修世济民的理想。

李翱门第虽显赫，但那已是历史了，自从他的七世祖李桃枝曾袭封侯爵之后，家族就再无显耀人物出现，家道日渐衰落。从李翱六世祖到李翱，他的家族中做过官的只有两位，就是他的曾祖父李诏和祖父李楚金，但也是属于品级十分低下的官衔。他曾祖父李诏担任的是咨议。咨议是个什么级别呢？唐朝官制将官职分为"流内"与"流外"，一品至九品为流内，未入九品者称流外。咨议就是属于"流外"的官，也称为"不入流"的官。按照今天的话说，可能也就是个基层办事员吧。祖父李楚金的官阶高一点，担任的是"贝州司法参军"。贝州即今天邢台市清河县，位于河北省东南部，当时属于河北道管辖。"司法参军"是州政府僚属部门——"六判司"之一，顾名思义，主要负责一州境内的司法工作，当时称为"刑狱"工作，大概相当于今天某地政法委书记的位置，这个品级也不高，为"从八品下"，在整个官僚体系中也只能算是基层小官。

显然，在唐朝出身于这样的家庭要想出人头地、展露才华是非常困难的。一方面，家庭能积累起的财富十分有限，无法提供足够的能让家族子弟顺顺当当完成求学和参加科举考试的费用；另一方面，曾经显赫的门第时间上太过遥远，还无法从李翱幼年时就发挥对他的荫护效用。因此，成年以前的李翱，在人生道路上仍与所有寒门子弟一样，所能依靠的只有自己的勤奋。

三、应考进士

对于中国古代出身于贫寒人家的知识分子而言，要想获得施展才华的机会，最有效的途径就是走科举考试的道路。唐朝的科举考试继承自隋朝，整个发展的时间还不长，这也使得其中各项制度的健全度不高，而对于参加者来说，难度就更大。

应考的难题

李翱迈向他人生理想的道路是从六岁时开始的，他从那时开始读书。大约正是由于出生于一个门第非常显赫但家境非常困窘的家庭，他从小在学习的志向上就表现得非常突出。

他幼年读书所接受的是当时最普通的乡学教育和他父亲的家庭教育，应该说教育条件并不好，既无名师指点，也无益友切磋。但他却下了苦功夫，将儒家经典学得很扎实，"词句之学"尤为突出。这些都为他以后在文学与儒家思想上取得巨大成就打下了坚实的基础。十五岁时他更是明确向老师立下志向，要以毕生精力从事"志于仁义"的工作，要将当时已有所衰落的孔孟儒学复兴起来，干出一番修齐治平的功业。

不过，志向归志向，在现实中李翱马上就遇到一个难题——科举考试。说这是难题，并不是指李翱在知识上有什么困难，而是说制度上的障碍。唐朝时期的科举制度还属于初期发展阶段，其结构远没有后世复杂，显示了一定的自由度，但同时也有许多不完备的地方。这些不完备的地方就给参加考试的贫寒子弟带来了困难。李翱要想顺利通过科举考试进入仕途有三大困难需要克服。前两个困难在中进士之前，第三个困难在中进士之后。

第一个困难，获得考试名额。唐朝科举考试只有一级，就是每年一度在京城举行的全国统一考试，考试名额很难获得。按照当时的制度，能参加科举考试的考生有两种——"生徒"和"乡贡"。"生徒"是指来自县学、州学、国子监各级官办学校的学生，他们在各级官学学习，考试合格后被送至尚书省参加科举，被称为"生徒"。是参加科举的主要力量。"乡贡"是指官学以外靠自学成才的学生。这些学生需要自己向地方政府投牒自举，经地方政府考试合格后同地方贡品一起被送入京，参加科举，所以称为"乡贡"。从表面上看，政府对"乡贡"报考者的要求不甚严格，只是不允许工商子弟和有犯罪前科的人参加，其他人均有机会。但实际上"生徒"出身者要占据绝对优势，考试名额分配也多向他们倾斜。从当时重门第的角度考虑，这也非常符合当时的风气，因为能入官学学习的，绝大多数都是来自世家大族和官宦之家。规格最高的官办学校国子监甚至明文规定，整个学校学生分为三等：一等为国学学生，招收三品以上官员的子弟；二等为太学学生，招收五品以上官员的子弟；第三等叫作四门学学生，招收五品以下七品以上官员和平民百姓的子弟。平民子弟大多只能走"乡贡"的道路。很不幸，李翱没有机会进入官办学校中学习。他在少年时期结束了乡学学习后，主要靠的就是自学。所以他就必须要为自己争一个"乡贡"名额。于是，他从十五岁立志之后就开始在家乡准备本地的州府组织的地方考试。此时的李翱"勤于儒学，博雅好古，为文尚气"，风采渐露。因此除了复习备考外，他也像唐代的其他读书人一样，在州府境内四处遨游，带上自己的得意之作，去干谒达官贵人，希望能得到他们的赏识。他的资本包括"陇西李氏"的郡望招牌、颇具才华的文章以及坚持不懈的努力。大概经过了七年的努力，在他二十二岁时，终于获得了"乡贡"名额，得以赴京城长安参加万众瞩目的科举考试。

第二个困难，考中进士。对于李翱而言，获得考试名额固然不简单，但更难的是要考中进士。唐代的科举考试分常举、制举两种。常举的意思是例行举行的科举考试，按照规定，这种考试每年举行一次，科目固定；所谓制举则是指由皇帝临时下诏举行的科举，时间不固定，科目也不固定。显然，读书人要想出人头地，只能将常举作为自己唯一可以依靠的目标。常举的主要科目包括秀才、明经、进士等科。唐朝初年，秀才科等级最高。但由于贞观年间，有一个州被推举应考秀才科的，没有一人及格，太宗大怒，处罚了州长，并废除了秀才科的考试。后来时有时无，到了玄宗天宝年以后，秀才科就名存实亡了。到李翱所处的时代，读书人要想科考进仕，一般就只能在进士与明经两科中选择。相比而言，进士科又比明经科重要，从进士科出身的人在官场上所获得的官职、升迁、前途都比明经科出身的人强很多，但进士科考试的难度也比明经科大很多。首先，录取比例上就让人生畏。一般每年参加进士科考试的有上千人，录取名额多少呢？平均一年不到二十个，遇上个小年，也就录取十来个人，放到今天的高考来讲，基本上也就等于成为省高考状元的难度了。其次，考官的态度极为关键。因为唐朝科举考试的阅卷不采用糊名制度，改卷的考官是在知道考生是谁的情况下阅卷。毫无疑问，主考官的主观喜好将对考试结果产生非常大的作用。我们且不说考官是否会徇私，但就讲若两人文章才华相当，考官也多半偏向熟悉的人。更何况，考生若不事先与考官熟悉，怎么能轻易写出符合考官喜好的文风来呢？事实上也的确是这样。从当时能够考上的考生情况来看，和主考官比较熟悉的人、出身好的人考中率高得多，其中又尤以中央国子监的学生居多，这就是所谓"近水楼台先得月"，否则要单单以才华打动考官的情况是很难碰到的。在这种状况下，任何人都难免脱俗，要想考上，仅仅复习功课是不够的，考生们必须要想办法和考官熟悉起来。当时有一种风俗叫"投卷"，就是考生提前把自己的文章送到贵人手中去看，以期获得支持。直接向考试主持机构礼部投送的叫"公投"，而向达官贵人投送的叫"行投"。李翱也不例外，他千里迢迢赶到京城之后，马上开始曾在家乡做过的老行当，打出"陇西李氏"的招牌以及自己精彩的文章。应当说李翱开头还是很幸运的，他投送的文章被梁肃看到并获得赏识。梁肃是当时大名鼎鼎的文坛领袖，也是官场要员，担任翰林学士、皇太子诸王侍读、史馆修撰等职位。最最紧要的是，他是考试的副主考。而梁肃又正是一个喜欢提拔新秀后进的人，像韩愈、欧阳詹这样一些李翱的前辈能考中都与梁肃提拔密切相关。李翱也正是看中了这一点才把文章投给梁肃看的。梁肃看了他的文章后大加赞赏，"谓翱得古人之遗风，期翱之名不朽于无穷，许翱以拂拭吹嘘"。也就是说，梁肃认为，李翱这小伙子文章有古代贤人之风，将来一定可以成就不朽名声。同时，梁肃拍着胸脯向李翱保证会尽力为他帮忙。不过这只是开头，故事的结尾却不太好，就在考试要开始的前一个月，梁肃不堪风寒，一病驾鹤西去了。李翱的前途瞬间就成了悲剧，失去了梁肃的帮助，不仅当年的考试没考上，在京城连吃饭都成了问题，万般无奈之下，只好落寞地离开京城。不过还算幸运的是，借着梁肃的关系，他好歹在京城结交了一些暂时还未居高位之人，其中包括吏部郎中杨于陵等，为他以后的人生发展埋下了重要的伏笔。

进士及第

李翱在第一次进士科考试以失败收场后，原本是准备回家乡河南道汴州陈留县休养一段时间的。不过当他将到家时，汴州城发生了"兵乱"。他只好暂时放弃这个打算，先避开这个祸患再说。李翱思前想后之下，他决定慕名前往徐州，毛遂自荐到徐泗濠节度使兼任徐州刺史的张建封帐下做幕僚。这是唐朝时期一个常见的现象，与唐朝地方制度有很大关系。当时管辖各个地方的最高长官称为观察使或节度使，他们都是绝对的一方大员，统管一方军政、财务、人事等大权。也就是说，除了朝廷自身的用人选拔制度之外，地方长官有自己的人才选拔权。地方长官所选拔的人才在前途上肯定比不上中央进士考试选拔的人才，但也不是完全没机会，经过一定努力，同样也可以在仕途上有一番作为。因此，许多未能进入仕途或者对仕途不满的读书人经常会选择到地方藩镇节度使那里去做幕僚，在栖身的同时寻觅新的机会。

对李翱来讲，能被张建封看中是一个相当不错的选择。掌握着江苏北部一带的张建封在当时众多节度使中，属于学问较好且爱才惜才的学问型高官，能到他身边工作，能获得更好的待遇与礼遇。李翱在这里最起码可以获得一定的收入以养活自己，同时也可以借着张建封的平台获得更多资源，为今后发展打基础。

在张建封那里没干多久，李翱就遇到了他此生最重要的人物——韩愈。从地位上讲，韩愈当时和李翱差不多，三十岁的人，虽说考上了进士，但还没通过"博学宏词科"考试，仅仅在汴州刺史董晋帐下做一个小推官，基本上还是平头百姓一个。但是韩愈在学问上的名声却不得了，已经成为了发起"古文运动"的知名人物。大批的名士鸿儒和他结交，天下人多以得到韩愈的文章为荣，甚至许多达官贵人也争相延请韩愈为他们题词、写碑文。所以，韩愈对李翱的影响主要在思想和文学上。李翱对韩愈也非常服膺，拜投在其门下学文进思。正是和韩愈的交往，李翱的文章水平、思想深度都不断得到提升，为他去世后能成为青史留名的大思想家奠定了基础。同时通过韩愈，他还结识了一批韩愈身边的名士，像孟郊、张籍、李景俭等人，这些好友也都丰富了他的人生经历。

李翱一边做地方节度使的幕僚，一边继续参加进士科考试，从二十二岁开始参加科举考试，一考就是五年，直到二十七岁才考中。这一年是唐德宗贞元十四年（798）。

不过，考中进士只是完成了通向仕途的第二步而已，还要解决最关键的第三步——吏部组织的"博学宏词科"考试。按唐朝科举考试规定，即使读书人通过了进士科考试，那也只获得了一个"进士出身"的头衔，也就是只有了做官的资格，并不代表着马上可以担任官职。他还必须通过的一关就是吏部组织的任职考试，称作"博学宏词科"考试，过了这个考试才有实际的官职，故吏部考试又称为"释褐"，意思是可以脱去粗麻的平民服装而换上官服了，类似于今天的公务员考试。这一关的考试难度并不亚于前一关的进士考试，因为参加考试的都是已经过了前一关的佼佼者，是高手与高手的较量，竞争程度当然更激烈。李翱的老师就曾在考上进士后连续三年没能通过"博学宏词科"考试而无法任职。更有甚者，考了二十多年也没能通过这个考试。

果然，当年的"博学宏词科"考试李翱也没能通过，迫于生活压力以及情绪上的低落，他再一次离开京城长安到各地游历，一面靠师友资助渡过生活难关，一面继续结交地方名士、大员以寻求新的机会。

四、南下游学

唐德宗贞元十四年（798），李翱由于没能通过吏部选官的"博学宏词科"考试，离开京城游历交友。

汴州经历

离开京城后，他先是在家乡河南道一带游历，不过没有找到什么机会。这一年秋天，李翱正在宋州逗留，有一只奇特的鸟飞到了宋州城郊，当地人都叫不出这种鸟的名称，围观者很多。李翱看到这只鸟，联想到自己现在比较落魄的现状，有感而发，写下《知凤说》一文，借物抒情。文章开头写道：

> 有小鸟止于人之家，其色青，鸠、鹊鸟之属咸来哺之。未久，野之鸟羽而飞者，皆以物至，如将哺之，其虫积焉。群鸟之鸣声杂相乱。是鸟也，一其鸣，而万物之声皆息。人皆以为妖也，吾安得知其非凤之属邪？古之说凤者有状，或曰如鹤，或曰如山鸡，皆与此不相似，吾安得知其非凤之类邪？

意思说，有这么一只青色的小鸟来到人的家里，先是鸠、鹊鸟等的鸟类都来喂它，接着，野外的鸟也来喂它，给它吃的小虫子都堆积起来了。众鸟相聚，难免鸟声鼎沸，吵闹不休。这时，青色小鸟鸣叫了一声，众鸟皆安静下来了。人们看到这只奇怪小鸟都以为它是妖怪，但是李翱却说我们怎么知道它不是传说中的"凤鸟"呢？

接着他开始发议论，阐发自己关于究竟怎么判定"凤鸟"的方法。

> 凤，禽鸟之绝类者是也，犹圣人之在人也。吾闻知贤圣人者，观其道。由黄帝、尧、舜、禹、汤、文王，至于孔子、颜回，不闻记其形容有相同者，是未可知也……阳货之状类孔子，圣人是以畏于匡，不书七十子之服于阳货也。有人焉，其容貌虽如灌兜、恶来，颜回、子路七十二子苟从而师之者，斯为圣人矣。故曰：知贤圣人者，观其道。

似凤而不见其灵者，山鸡也，则可视其形而凤之云邪？天下之鸟虽凤焉，鹰、鹯、鹍、鸿其肯凤之邪？是鸟也，其形如斯，群鸟皆敬而畏之，非凤类而何？

意思是说，"凤鸟"是鸟中之极品，就像"圣人"是人类中极品一样。我们判定人类中的圣人是看他的人格与品行，即"道"，而不是通过他的相貌来判定的。我们所了解的古之圣人从黄帝、尧、舜、禹、汤、文王到孔子、颜回，没有听说他们相貌长得一样的。反而像孔子同时期的阳货，他的相貌和孔圣人差不多，却没有听说把阳货当成圣人的。有品行十分纯良的人，相貌长得和史上著名恶人灌兜、恶来相似，但子路等人还是会拜他为师。所以，"道"才是判定人是否圣贤的真正根据。

鸟类的道理与此一样，假设一只鸟长得像传说中的"凤鸟"，但却没有显示出凤鸟应有的灵气，那就还是一只山鸡而已。我们把天下任何一只鸟说成凤鸟，那么，鹰、鹯、鹍、鸿这些鸟类中的霸主会同意吗？回到这只小鸟，虽说其貌不扬，但众鸟皆敬畏它，难道不正是凤鸟应该具有的灵气吗？

就李翱所叙述的这件"怪鸟"事情本身来说，确实有些怪异，不知道是否真实发生过，但我们主要是从中发现李翱借这件事情阐发出的他对人才的看法，进而了解到李翱的人生观与志向。他指责单凭形貌取人是不对的，影射当时社会流行的门第观念，显然，他认为这种将人的家世出身作为选拔人才的重要参考标准的做法是荒谬的，而真正正确的做法应该是以人的品行才学来评价，即所谓"道"，从中也多少能看出李翱有些以"凤鸟"自诩的豪气以及不得志状况下的愤懑和无奈。

江浙之行与完婚

次年，李翱应好友、大诗人孟郊之邀请，继续南下，到江浙一带游历。他们在吴郡（今江苏苏州）结识了江南名儒陆傪。陆傪是中唐时期重要的思想家与文学家，李翱喻其为"明于仁义之道，可以化人伦、厚风俗"的"膏雨"，把他比喻为与儒家大师"颜子、子思、孟轲、董仲舒"相同的人，评价十分高。李翱见他的时候，陆傪正由于官场不得志，在家中闲居。结识陆傪，对于李翱一生影响也极大。正是由于陆傪大力称赞李翱对"性命之道"的思考，李翱才最终下定决心沿着这条道路继续前进，最终完成了奠定他在中国儒学思想史上坚实地位的《复性书》三篇。

南下江浙的游历，虽然让李翱思想上获益甚多，但于仕途却无特别帮助。李翱只得继续奔波，又从江浙北返，于贞元十六年来到徐州一带继续寻求机会。他还有另一件人生大事要完成，那就是完婚。李翱的婚事是他老师韩愈做主决定的，早在三年前二人初识于汴州时就定下了这门亲事。女方正是韩愈的侄女，是韩愈堂兄韩弇的独生女儿。韩愈能将韩弇的女儿嫁给李翱，充分体现了他对李翱的欣赏与器重，因为以国事死难于边疆的堂兄韩弇正是韩愈一生最佩服的人。韩弇是韩愈的叔父韩云卿的二儿子，生前在边疆重镇——朔方节度使帐下任职，其上司正是唐朝名将浑瑊。唐德宗贞元二年（786），边疆爆发唐朝与吐蕃的战争，经李展、马燧、浑瑊等唐朝大将奋勇作战，吐蕃大将尚结赞不能抵挡，向唐朝乞和。贞元三年闰五月十五日，双方盟于平凉（今属甘肃）。但没想到吐蕃乞盟原是缓兵之计，尚结赞不守盟约，在会盟之地伏下重兵劫盟。当一千多人的唐朝使团到来时，数万吐蕃伏兵蜂拥而上。一番血战之后，唐朝使团只有主将浑瑊与数名亲兵突围。其他人自副使崔汉衡以下，全都陷入吐蕃人手中，共有五百多人战死，近千人被俘，损失惨重。韩弇即是牺牲的烈士之一，时年三十五岁。韩弇死后，留下了年仅十七岁的寡妻和七个月的幼女，十分凄惨。韩愈对堂兄的义举佩服之至，加上血缘之情，他义务承担起养活寡嫂孤侄女的责任，到贞元十六年已经有十三年时间。对于他的侄女而言，实际上韩愈已经有了养父的身份，而韩愈嫁侄女也就有了嫁女儿的意味。李翱在娶了韩愈侄女后，与韩愈的关系就更近了一层。

婚后，因徐州兵乱在即，仓促之间韩愈一家与李翱夫妻乘船至下邳。徐州兵乱平定后，韩、李一行等又继续西进，韩愈回洛阳履职，李翱则偕新婚妻子回故乡河南道陈留县拜见高堂。在家乡待了一段时间后，李翱经人介绍，来到了滑州，到义成军节度使李元素幕下谋得一个判官的职位。李元素是当时名望很高的官场大员，对有才学的年轻人也很愿意提拔，李翱到他帐下任职不久就获得了赏识，不仅在生活上对李翱照顾得无微不至，而且极力把他向中央推荐。在李元素这里做幕僚一年多之后，李翱通过了"博学宏词科"考试，在京城获得了官职。于是，他偕妻子离开故乡，又一次来到京城长安，开始他新的官场历程。

第 2 章

官海沉浮

能进入官场闯荡，凭自己的人格与能力创造出一片名垂青史的功业，这对于大部分古代知识分子而言都是一个理想。李翱当然也不例外，虽然他的理想不止这一个。

一、初入官场

中国的官场自古就是竞争激烈的区域，围绕着升迁的核心利益，充斥着各种各样的斗争，像李翱这样比较单纯的知识分子加入进去，要想很快适应并获得认可是很难的，除非他有超乎常人的运气。

从校书郎到河南府参军

唐德宗贞元十八年（802）春天，三十一岁的李翱通过了吏部的"博学宏词科"考试并获得了官职，被任命为校书郎。校书郎是属于为宫廷服务的行政辅助机构的一个基层官职，为正九品上。在唐代的中央官制系统中，"三省六部""九寺五监"与御史台是国家行政机构的主体，它们一起构成一个完整的朝政决策—执行—监察系统。在这些核心机构之外，还有一系列辅助机构，多属皇家宫廷机构性质，直接为皇室宫廷服务。它们主要包括秘书、殿中、内侍三省和东宫官吏。李翱担任的校书郎即属于秘书省管辖。秘书省是一个掌管皇家图籍档案的机构，校书郎负责典籍的校雠工作。这个官职无论从职权还是地位来说都不算很高，不过典籍整理工作对李翱增长学识、开阔学术视野的意义倒是不小，所以他干得也很卖力。

由于工作出色加上杨于陵的提携，李翱在随后一年内连续三次获得升迁，三十二岁时当上了河南府司户参军。这是一个八品的官职，主要负责所辖地域内的民政户籍的管理工作，和李翱祖父李楚金曾担任过的"司法参军"品级相同。应该说，李翱这个升迁速度是比较快的，三十二岁就已经超越了他家六代以内所达到的最高职位。即使和他同时代的人相比，李翱在官场的升迁也处于领先位置。比如他的老师韩愈，这个时候还在徐泗濠节度使张建封幕下做幕僚。还是靠了李翱的推荐，韩愈才获得任京官的机会。李翱先是向陆傪写信称赞韩愈，信中说："非兹世之文，古之文也；非兹世之人，古之人也。其词与其意适，则孟轲既没，亦不见有过于斯者!"意思是，韩愈的文章和为人都和古代的贤人相同，恐怕孟子死后还没人能赶得上他。这个评价相当高。陆傪本身对李翱很赏识，看了李翱对韩愈的称赞后，对韩愈印象就很深刻。此后到贞元十七年，陆傪到京城任祠部员外郎，韩愈也刚好到京城参加"博学宏词科"考试。在陆傪的大力举荐下，韩愈才通过考试，获得了四门博士的任职。

"黄卷故事" 风波

也许正是从三十一岁任官以来的经历非常顺利，使得李翱天生的刚正个性开始逐渐展露。在河南府任职期间，李翱秉直率性的个人性格与当时慵散的官场习俗爆发了冲突，给他的仕途也带来了一定的波折，同时也奠定了他日后官场生涯的基本态度。这个冲突被称为"黄卷故事"事件。

此事件的起因倒也不是很大的事。唐朝时期官场制度本身比较严格，即使吃饭也经常不是简单的吃饭，而是同时要进行一些公务活动。当时的河南府就把吃饭定为一次司录纠举六曹过失的会议，大家先办完公务才能吃饭。这是个什么规定呢？唐朝完整的地方政府机构主要包括上佐、判司和录事参军（河南府与京兆府此职位称为"司录参军"）三大部门。上佐指长史、司马，没有具体职事，辅佐地方主官处理州事，大约相当于秘书长。判司指职能部门，一共六个，也称"六曹"，名为"功曹、仓曹、户曹、兵曹、法曹、士曹"，此六曹的负责人分别为司功参军、司仓参军、司户参军、司兵参军、司法参军、司士参军。他们分别管理一地境内官吏考课、礼仪、赋税、仓库、户口、驿传、刑狱和工程水利等各个方面的事务。录事参军则负责监察举劾本州六曹官吏，大约相当于纪委监察部门。应该说，从地位上讲，三个机构的重要性依次排布是上佐、司录参军和判司（六曹）。但是，大家的级别倒没有多大的差别，俱为八品左右。李翱之所以会与官场发生冲突，其矛盾处也正在这里。

为了明确吃饭时开展纠察工作的具体事项，河南府在他们食堂的房梁上贴了一个"黄卷"，用黄纸明文书写着这样一条规定："司录入院，诸官于堂上序立，司录揖，然后坐。"意思是说，吃饭前，在司录参军进入食堂前，大家都站着等他，他进来后对各位作个揖，然后大家都就座，接着就开始工作，工作完了再吃饭。这一系列看似简单的过程，照顾到了方方面面，一方面，司录参军的重要性得到了体现，另一方面，司录参军和大家级别相同的情况也得到体现。一句话，大家要相互尊重。但是实际的规矩在河南府已经被破坏很多年。虽然黄纸一直贴在那里，司录参军却早就不那样做了。李翱来时，当时的司录参军姓林，林司录把这个规定改成这样：他让大家站在食堂的东廊下，他自己站在西廊下接受众人的作揖，然后再办事、吃饭。在我们今天看来，这个改变似乎不大，可能当时大多数人也是这样看的，于是大家都默认这种做法而没有人提出过意见。但李翱却以他敏锐的眼光发现了其中的问题，并且以直率的性格当场就向林司录提出批评意见。他认为，司录参军和大家是同级别官员，只是由于他现在纠察大家而多获得一点尊重，而他也必须对大家回以尊重，这正是"黄卷"规定所要求的大家相互尊重。但是他现在的做法却是使司录参军自己完全处于上级官员的地位，造成一个"居上者以有权令陵下，处下者以姑息取容"的恶劣后果。林司录是久在河南府为官的人，由于他有纠察大家的权力，一直以来别人也不敢对他有任何微词。而现在，一个三十多岁的刚上任的毛头小子敢于这样当面顶撞，当然让他怒发冲冠，气不打一处来。林司录当即反唇相讥，两人在食堂里爆发了激烈的争吵，不欢而散。

争吵发生后，事情闹得比较大。因为当时官场普遍比较慵散，大部分人特别是基层官员都是得过且过地混日子，李翱这样的做法显然使他成为了惹众人瞩目的异类。何况，林司录的职责是纠察六曹，李翱这个负责民政工作的"司户参军"就在他的纠察管辖之下。林司录当然不会客气，决意给这个不知天高地厚的小子点儿颜色看看。他马上行使自己的权力，连续向上级提交对李翱的批评意见，所谓"盛词相谤"，不把他搞倒誓不罢休。很快河南府最高主官——河南尹韦夏卿知道了这件事。算是李翱幸运，韦夏卿又是一位爱惜人才的官员，他尽己所能对李翱进行了保护，暂时平息了林司录的指责之词，保住了李翱的官位。但也只持续了半年左右时间，因为职务变动，韦夏卿调离了河南府。失去了这个保护者，李翱没能在那儿待多久，很快再次受到林司录的打击，被迫辞职。

初出茅庐即受打击的李翱此时也多少有些疲惫，借这个被逼辞职的机会，他干脆暂时选择了赋闲，好好修养身心。此时他生活已宽裕许多，在大都市洛阳获得了安身之所，有家人相伴，可以安心读书，又有洛阳的一些文人才子与他相往来，日子倒也过得不烦闷。

再入河南府

这样的日子又过了大半年，河南府传来好消息，先是李翱的官场敌人林司录被调离岗位，接着是新上任河南尹王绍向李翱抛来橄榄枝。王绍也是一位爱惜人才的名士型高官，对李翱的名声早有耳闻，而李翱在河南府的作为更是让他感兴趣。李翱此时，刚硬性格已经形成，接到王绍的聘书后，他先不急着答应，而是给王绍写了一封信，要求必须按照"黄卷故事"来行事他方才到职。王绍爽快地答应了他的要求，并让李翱来担任这个负责监察的"司录参军"。王绍这番极具诚意的举动真正打动了李翱，李翱当即应允赴任，王绍也成为李翱另一位知己与官场引路人。

在河南府为官的日子比较顺利，李翱很快获得升迁。805年是中唐历史上一个多事的年份。这一年正月，唐德宗病死，做了二十六年太子的李诵即位，改元永贞。李诵在做太子时就立下了远大抱负，结交了不少干臣名士，意图在登得大宝后创一番功业。由于在太子位上的时间等得长了一些，即位之初，他甚至来不及为先皇善后就开始改革。他任命韦执谊为宰相，王叔文为翰林学士，实行改革。协助王叔文进行改革的还有王伾、韩泰、韩晔、柳宗元、刘禹锡、陈谏、凌准、程异等，他们组成了革新集团。史称"永贞革新"。当时朝政的主要问题是宦官专政、藩镇割据和苛捐杂税几项。宦官问题尤其严重，他们与节度使勾结，把持朝政，使国家与老百姓都不堪其苦。例如，当时宦官为皇宫采办货物称为"宫市"。宦官外出采购宫中用物，开始是低价强买，后来干脆"白望"（看中什么就拿什么）。还有一伙叫"五坊小儿"的宦官，他们以贡奉宫廷为名，在长安城内外张网捕鸟，有时把网张在人家门口或盖在井上，不让人家出入和打水，借此勒索钱财。他们到饭铺吃饭也不给钱，有时还故意留下一筐蛇要店主喂养，直到店主给了钱，才把蛇筐带走。人们吃尽了这些人的苦头，对他们恨之入骨。王叔文集团领导的改革首先就把目标指向了宦官专权。先是罢除了宫市和五坊小儿，接着紧锣密鼓地开展夺宦官兵权的行动。他一方面连续颁布打击宦官的政策，另一方面也联络反对宦官的节度使。直待时机成熟，马上向宦官集团发动总攻。遗憾的是，关键时刻，唐顺宗本人身染重病，昏迷不醒。宦官首领俱文珍、刘光琦串通朝中守旧官僚和地方节度使，拒绝服从政府命令。不久，俱文珍等利用顺宗患中风不语病，拥立太子李纯为皇帝（宪宗），顺宗被迫退位。接着，王叔文等人都被贬逐。首领王叔文被贬为渝州司户，随后被赐死。王伾被贬为开州司马，不久病死。韩泰、陈谏、柳宗元、刘禹锡、韩晔、凌准、程异及韦执谊八人先后被贬为边远八州司马，史称"二王八司马"事件。

从德宗逝世、李诵即位再到宦官逼宫、李纯即位，数件惊天大事都发生在半年之内，确实堪称混乱。不过，李翱在这样剧烈的政治变动中倒是因祸得福。由于"二王八司马"事件涉及面广，大量和改革派牵连的官员被贬职，因之空出了不少位置，加上李纯顺利从其刚刚即位的父皇手里夺得政权，心情舒畅，以恩赐的形式破例放宽了官场升迁的限制。借这场意外的东风，李翱被任命为洛阳国子监的国子博士，时年三十四岁。这同样属于快速升迁，以品级而言，洛阳国子监的博士是六品，李翱之前担任的"司录参军"是八品，这一下就越了好几级。同时，国子博士本身也是很优渥的学官位置。前文已提到过，国子监是唐代级别最高的中央学校，一共有两所，长安一所，洛阳一所。长安的算是主校区，洛阳是分校区。国子监主要招收贵族官宦子弟，是参加进士考试的主要考生来源。学校内按照级别与门类分为国子学、太学、四门学、律学、书学、算学。国子学、太学、四门学是分量最重的三个门类，分别面向三品、五品、七品以上官僚子弟招生。尤其是其中的国子学，几乎就可以看作高干培训班，有唐一代，大批政府高官都是国子学出身。能在国子监任职绝对有地位和前途，其中又以国子祭酒和国子博士最为显要。前者是国子监的长官，后者专门负责国子学学生的教学与管理，相当于中央党校高级干部培训班的教授与班主任，不仅收入可观，而且可以极广泛地聚集人脉。

李翱的升迁步伐还没停止，在洛阳干了两年后，旋即提拔到长安任国子监的国子博士，兼任史馆修撰。此时，他的级别已经达到正五品上。这一年他三十六岁。稍显遗憾的是，李翱这次升迁与老师韩愈的被贬相联系。本来当时在长安国子监任国子博士的是韩愈，结果由于韩愈在国子博士任上大倡"师说"，挑战当时贵族子弟耻于拜师的陋习，加上他又直言上书，得罪权贵，就被贬斥到洛阳国子监去任职，而原在洛阳任职的李翱就被提拔调任到了长安国子监。李翱到长安任职后才知道其中原委，随即十分羞愧，对朝廷的处置感到不满。

二、幕僚岁月

唐宪宗元和二年（807），李翱任长安国子博士、史馆修撰。由于其中牵涉老师韩愈被贬因素，李翱不满此次升迁。他的这种不满情绪一再表露后，朝廷终于对他进行了惩罚，一年半后，他所有职务均被罢免。正当他愤懑之时，岭南传来消息，邀他去任职。

岭南：必须去的地方

　　此次南下，李翱是应岭南节度使杨于陵的邀请，去杨于陵帐下出任幕僚。他之所以如此选择，除了因无法安心任职国子博士、借机离开外，还有一个很重要的原因就是为了报答杨于陵一直以来对他的提携之恩。杨于陵是唐德宗时朝廷大员，多年任职京畿，即使在"永贞革新"那样大的政局变动中也保住了职位，可见其颇有实力，可他怎么去了岭南呢？这其中牵扯着中唐时期朝政中另一著名事件——"牛李党争"。杨于陵于唐宪宗元和年间任户部侍郎，旋即以主考身份主持了宪宗朝第一届吏部考试，当时称为"贤良方正能直言极谏科"考试，顾名思义，是要以提意见的主旨来考察应考者的能力。所以，这次考试中许多考生也就不客气，纷纷直抒胸臆，批评时政。在这次考试中，后来大名鼎鼎的"牛党"首领牛僧孺、李宗闵俱是应试考生。这两位心怀大志的年轻人初生牛犊不怕虎，在考卷中锋芒直指当时已十分严重的官场陋习——"门第观念"。杨于陵恰恰欣赏他们的观点，也大胆地将牛僧孺、李宗闵列为前两名，并直接向宪宗举荐，以为可用之大才。但是这种做法严重侵犯了时任宰相李吉甫的利益，因为李吉甫正是"门第观念"的拥护者。他本人也是靠祖上荫护获得官职的，而且他也正在从事着让自己的后代继续这样获利的事情。于是李吉甫就私下里向唐宪宗告状，说牛僧孺、李宗闵、杨于陵是亲戚。宪宗信以为真，就对杨于陵在内的几个考官进行了惩罚，杨于陵即于此时被贬为岭南节度使。牛僧孺和李宗闵也没有得到提拔。谁知这件事却引致朝野哗然，许多寒门出身的官员争为牛僧孺等人鸣冤叫屈，谴责李吉甫嫉贤妒能。迫于舆论压力，唐宪宗只好于随后不久对李吉甫也进行惩罚，将其贬为淮南节度使。从此，朝臣之中就分成了两个对立派——反对"门第荫护"的一派和拥护"门第荫护"的一派，这两派持续发展，到后来牛僧孺成为前一派的首领，而李吉甫的儿子李德裕则成为后一派的首领，形成"牛李党争"。

虽说当时宪宗皇帝对李吉甫进行了惩罚，但也并未撤销对杨于陵几人的惩罚，杨于陵还得去岭南上任。这个贬斥对杨于陵来说是非常严厉的，因为当时的岭南（今广州）基本上还属于未完全开发之地，文化落后，经济落后，更兼气候湿热，瘴疠横行，当时长期生活在北方的官员们去那里做官是非常辛苦的。杨于陵去后不久，便感到了力不从心，于是他想请些有才能、合得来的人来帮忙，这其中就包括了他一直很欣赏的李翱。

李翱接到邀请信，立即准备动身。他妻子对此坚决反对，一方面李翱此时好不容易到了京城，虽说被罢官，但若再去找故旧拉拉关系，应该可以再谋个新的职位，放弃这么好的条件跑到生活艰苦且前途渺茫的岭南完全不合情理。另一方面，洛阳距离岭南有八千里路远，而他妻子已经怀有八个月的身孕，即将临盆，也的确不适合远行。但李翱却认为，杨于陵对他有极厚的恩情，他能顺利中进士乃至通过"博学宏词科"考试都有杨于陵的大力提携，如果不去帮忙则绝对于心不安；此次杨于陵是因为正直而受到不公正待遇，让万人仰慕，能帮他在李翱看来正是君子所应该做的事情。这样，李翱说服妻子，决定与另一位受聘的好友韦辞一起乘坐漕运航船从洛阳出发，沿水路南下岭南。

任职岭南

李翱一行人于元和四年（809）正月十三日从洛阳启程，走了六个月后才到达岭南，一路上真是风餐露宿，备尝艰辛。其间在江南道衢州时，李翱妻子临产，生下一个女儿。大家在此停留了一个多月，直到他妻子坐完月子才又重新启程。沿途经过了十四州，六月九日抵岭南节度使治所广州。

李翱与韦辞等人到达岭南后，杨于陵十分高兴，任命李翱为节度掌书记，相当于秘书长，任命韦辞为节度判官，相当于办公厅主任。从级别上讲，从京城的国子博士变成节度使的秘书长是降了好几级，待遇也差了许多。但是由于是与同道的好友合作，为自己的知遇恩人帮忙，李翱从内心里面很满意。杨于陵对此二人也十分信赖，不仅把许多政事都悉数交给他们处理，而且对李翱的刚直性格也很能容让。例如，杨于陵曾兴土木建造石门大云寺佛殿，李翱得知后，连续上书反对，直言杨于陵此举"不中圣贤之道"。杨于陵最终采纳了李翱的意见。在这样的环境下，李、韦二人不负厚望、勤勉有加，协助杨于陵在岭南干出了一些得民心的政绩。历史记载，二人明察秋毫，一年内改易官府或豪强侵犯老百姓利益的事情十七件，大得民心。当地老百姓原先用蒲葵盖屋，易发生火灾，二人教老百姓把盖屋用的材料换成陶瓦，大大降低了火灾率。这些举措都留下了功德，老百姓将杨于陵称为"传道之节度使"，评价极高。由于工作出色，李翱一度还被任命为岭南道下属的循州代理知州，做过几个月主政一方的地方官，可以更加自由地去实现自己修齐治平的理想。平心而论，这段时间在李翱整个官宦生涯里是过得最舒心的日子。

不过，这样做虽得民心，却有人不高兴了。他就是当时担任岭南镇监军的宦官许遂振。唐玄宗在"安史之乱"后，为了挟制藩镇节度使拥兵自重，安排了一批皇帝信得过的宦官到各藩镇任监军，监督与制衡节度使。说实话，这可以算是唐朝中后期朝政制度中最大的败笔。节度使固有不可信任的地方，但这些所谓的亲信宦官则更加恶劣。做监军的这些宦官不仅不学无术、道德低下，而且都贪财，让他们做监军，只能是让真正的君子遭殃，而小人反而得势。许遂振正是这样一个"好货戾强"的小人。杨于陵任岭南节度使以来，并未用财物来讨好巴结许遂振，这已经使许遂振很恼火了。加上杨于陵又任用李、韦二人在岭南实施了一系列"民心"工程，这又进一步阻碍了他搜刮民财的机会。对此他咬牙切齿，想出了阴谋对付杨于陵。第一步，收拾韦辞、李翱。他指使手下捏造了一份材料，假装以普通百姓的身份向自己申诉，直言韦辞、李翱惑乱军政。然后，他又把这份材料加上自己的意见，以秘密奏章的形式报告了朝廷。在报告中，他认为韦辞、李翱背后必有节度使撑腰，请求朝廷一并处理。朝廷一看是监军密报，而所奏报的对象也只是两个七品幕僚，于是未加查实便信以为真，很快下令罢免了韦辞、李翱二人的官职，并着令调查二人背后是否有节度使撑腰的问题。第二步，直接对付杨于陵。许遂振将杨于陵身边的小吏纷纷逮捕起来，一一拷打，逼他们交代杨于陵的非法之事。小吏们虽受酷刑，却没有一个人肯屈服来助纣为虐。有一个小吏实在忍受不住，在拷打时大声疾呼，说道："杨尚书连前任留下的东西都纹丝不动，怎么可能去贪污官饷啊？"因为小吏是在大庭广众之下呼号的，许遂振不能不考虑影响。于是他立即亲自带人去查搜节度使府库，果然里面有一些前任遗留下的东西，封条都没有动过。这样一来，大家都看到了杨于陵清廉的事实，许遂振就陷入了被动，只好灰溜溜地草草收场。

　　这件事不久后传到了当朝宰相裴垍耳中。裴垍出身名门，是唐宪宗时期贤相。他听说杨于陵的清廉耿介之后，十分高兴，认为这样的人才正是朝廷所缺，不能久困岭南，立即任命杨于陵为吏部侍郎，专事掌管人才选拔的工作。也就是说，许遂振原本是以陷害杨于陵为目的的，结果反而成全了他。整体上说，这是一件因祸得福的好事，但是，其中受到牵连的李翱则没那么幸运，因为他比杨于陵先受惩罚。在李翱、韦辞被朝廷免官后，杨于陵考虑到自己可能难逃一劫，坚决劝二人离开岭南。二人只得辞别杨于陵，各自回家乡。

任职浙东

唐宪宗元和五年（810），李翱从岭南罢幕归家乡。本来正是开心的从政日子，却因为得罪小人而被迫离职。从岭南回家乡过程中，李翱心情是很不舒服的。

不过还好，走到浙东时他又遇到了贵人。浙东附近的地方大员、宣歙道观察使卢坦听说了李翱的事情，十分钦佩与惋惜，马上向李翱发了一封聘书，热忱相邀。李翱在卢坦帐下工作了很短时间后，卢坦高升，调任中央刑部侍郎，不过他在临走前将李翱推荐给了另一位声望亦很高的地方大员、浙东道观察使李逊。李逊也是宪宗朝名臣，出于望族"赵郡李氏"。他久历官场，素以清正爱民著称。他与李翱也有旧交，当年在京城时，李翱以"从叔"称呼李逊。虽说如此，李翱在浙东做幕僚的岁月也不算顺利，一直只担任八品判官的职务，仅在元和九年曾以代理身份到京师做过一段时间的"协律郎"和"试大理评事摄监察御史"，实际升迁不大。相比于当年三十四岁即担任国子博士的辉煌，此时算得上很落魄了。

其中缘由，除了时运外，李翱越发凸显的刚直性格是很重要的因素。元和六年，李逊在处分一名姓陆的巡官时没能完全按照律条行事。李翱知道后，立即向李逊提出意见，要求立即更改处理意见。李逊起初不理会，认为不是什么大事。没想到李翱不依不饶，坚持己见，与李逊发生争执，声言如果李逊一意孤行，自己将"不惟公命"，一如古人穆生，"见醴酒不设，遂相顾而行"。他这里用了个典故，穆生是汉代人，曾为楚元王的幕僚，楚元王对他礼敬有加，经常设醴酒招待以示礼遇。楚元王死后，他孙子却忘了设醴酒招待穆生。穆生从中感受到了轻视，于是就离开了。显然，李翱是用典故向李逊提出威胁，如果您不按我说的做，我就辞职。李逊到底还是爱才，最后选择了向李翱妥协。但是作为一方大员，被下属这样顶撞，终究心里不痛快，对李翱也就无法绝对地信任了。

对这个问题，李翱自己心里是清楚的。他有一次给好友皇甫湜写信，就明确提到了这件事情。在信中，他写道："仆到越中，得一官三年矣，材能甚薄，泽不被物，月费官钱，自度终无补益，累求罢去，尚未得，以为愧。仆性不解谄佞，生不能曲事权贵，以故不得齿于朝廷。"在这几句话里，他说了这样几个意思：一是抱怨在浙东做小官时间太长了；二是由此产生自卑，认为自己的确才疏学浅，不堪重任，多次向上级辞职却又未得到批准；三是指出自己不能得到重用的真正原因在于不能向上级和权贵献谄，同时表明自己心志，生性不愿靠谄媚上级、权贵来谋官职。由于李翱性格不能改变，这种不上不下的状况一直持续了很长时间，他的整个幕僚岁月几乎都是这样度过的。

幕中无聊，李翱发愿著书，竟写出《唐书》一部。在写给皇甫湜的信中他提到了这件事情。

> 仆近写得《唐书》。史官才薄，言词鄙浅，不足
> 以发明高祖、太宗列圣明德，使后之观者，文采不及
> 周汉之书。

他先指出写作原因，在于目前唐朝的史书质量太差。归根到底是唐朝的史官没有才学，没有能把本朝高祖、太宗的圣德事迹彰显出来，文采赶不上周、汉的史书。

> 仆以为西汉十一帝，高祖起布衣，定天下，豁达
> 大度，东汉所不及。其余惟文、宣二帝为优。自惠、
> 景以下，亦不皆明于东汉明、章两帝。而前汉事迹灼
> 然传在人口者，以司马迁、班固叙述高简之工，故学
> 者悦而习焉，其读之详也。

接着他补充论证，将西汉与东汉相比，实际上西汉朝优秀

的帝王无论是数量还是能力都不比东汉强。但他们的事迹却流传得比东汉帝王广，原因就在于西汉有司马迁、班固这两名优秀的史官写作。

> ……唐有天下，圣明继于周汉，而史官叙事，曾不如范晔、陈寿所为，况足拟望左丘明、司马迁、班固之文哉！仆所以为耻。

再接着拿本朝说事，认为唐朝功业极大，但史官能力实在太差，不说比司马迁、班固这些最顶尖人才，就是比差一点的东汉史官范晔、陈寿都差很多。李翱以此为耻。

> ……仆窃不自度，无位于朝，幸有余暇，而词句足以称赞明盛，纪一代功臣、贤士行迹，灼然可传于后，自以为能不灭者，不敢为让。故欲笔削国史，成不刊之书，用仲尼褒贬之心，取天下公是公非为本。群党以为是者，仆未必以为是；群党以为非者，仆未必以为非……韩退之所谓"诛奸谀于既死，发潜德之幽光"，是翱心也。仆文采虽不足以希左丘明、司马子长，足下视仆叙高愍女、杨烈妇，岂尽出班孟坚、蔡伯喈之下耶？

最后他表明志向，既然自己现在才德不够到官场中去建立功业，又有闲暇，于是便当仁不让地来完成这个工作。在写作中，他声明自己绝不会受流俗观点的影响，而是要坚持以孔圣人和老师韩愈的立场来秉笔直书。同时，他也小有自信地认为自己的文采虽不指望和左丘明、司马迁相比，但起码不在班固、蔡邕之下。

按李翱的口气与志向，这部《唐书》应该是撰写完了的，而且质量应为上乘。不过遗憾的是，李翱的《唐书》自宋代以后因官方所修的新、旧《唐书》的流行而湮没无闻了。

元和九年，浙东观察使李逊被调入京城任职，李翱再次失去工作。这一次罢幕也让李翱很失落，随之染了一场病，在家卧病赋闲达三年之久，直到元和十三年（818）时方才复出，到淮南节度使李夷简幕中担任幕僚。李夷简是李翱早年在京城结识的另一位同姓高官。出身于皇族的李夷简在家排行十一，李翱亲切称呼他为"十一叔"。他此次对李翱也颇有照应，通过他的举荐，很快李翱就离开了淮南，在中央机构获得了新的官职。

自808年被罢免国子博士职位、离开京城到此时为止，李翱已经有十一年远离京畿重地，辗转于岭南、江浙各地，做了七年幕僚。他的年龄也从风华正茂的"而立之年"蹉跎至"不惑之年"。这个年岁，对于一个想有所作为的人来说，所剩的时间已经越来越少。因此，这算是他宝贵的在人生道路和官场仕途上的翻身机会。

三、诤臣本色

唐宪宗元和十四年春天，李翱回到久别的京城。他先是代理兵部职方员外郎，六月份获得正式官职，任吏部考功员外郎，并兼史职。这是个正六品的官职，从品级上讲，仍然赶不上十年前的国子博士，不过这个官职显然比国子博士重要。国子博士再有优势，也属于学官系统，权力有限。而吏部的考功员外郎属于组织干部系统，负责中央各级官员的业绩考核，位置非常关键。同时，李翱还兼着史馆的职务，这体现中央对他学识的认可，也正能发挥李翱这几年在幕僚生涯时所锻炼出来的撰写史书的能力。

李翱重返京城的这段任职时间不长，前后也就一年半，但却在他的官宦生涯乃至史书上留下了最激烈的痕迹——他那种率性秉直的诤臣本色展露得淋漓尽致。

批评宰相裴度

　　裴度长李翱七岁，与李翱同为德宗贞元年间进士，宪宗元和十年任宰相，文治武功俱十分突出，堪称有唐一代名相之一。当时李翱刚刚入京不久，还只担任兵部职方员外郎的挂职职务，应该说立足未稳，但性格使他抛开任何因素，敢于直言。他以锐利的眼光审视当时的朝政，很快，裴度的作为让他发现了不满意的地方。他不满意的不是别的，正是裴度一生重要功业之一的"征淄青"。

　　藩镇节度使制度是唐朝对前朝军事和地方制度的一个发展。唐朝前期，对外用兵频繁，为了加强防御力量和改善临时征调的困难，地方屯军机构逐渐强化，军事机构与地方行政机构也逐渐融合，最终就出现了掌管一地军事、行政、财政大权的节度使，并成为制度固定下来。这种制度的存在与发展使得地方节度使朝着割据的军阀演变，越来越成为对中央政府的威胁，玄宗朝发生的"安史之乱"即是严重的体现。"安史之乱"虽然平息，但节度使的祸患始终没有解除。元和年间，唐宪宗在一干力主削藩的大臣的支持下，下定决心要解决这个问题。这一时期，有实力也有叛心的藩镇节度使一共四位。第一个是位于山东地区的平卢淄青节度使，第二个是河北地区的成德节度使，第三个是河南南部的淮西节度使，第四个是位于河南河北交界地的魏博节度使。朝廷首先拿下的是魏博节度使，没有通过武力而是以怀柔招安的方式完成的。去完成这一使命的不是别人，正是裴度。他以中书舍人的身份只身犯险，向魏博节度使田弘正晓以利害，最终兵不血刃地招安了魏博藩镇。接下来，朝廷把目标对准了淮西节度使。当时，老节度使吴绍阳去世，他儿子吴元济在没有获得朝廷任命的情况下自己宣布继任。朝廷就以此为借口，于元和十年对淮西吴元济进行武力讨伐，主持者是宰相武元衡。在这种情况下，另外两个节度使开始各自打起了小算盘。其中平卢淄青节度使李师道（李纳次子）比较阴险，他对朝廷耍起了两面派手法，表面上声言赞同朝廷讨伐吴元济，但暗地里却支持吴元济。他首先破坏朝廷军队的后勤基地，派人暗中潜入河阴漕院（今河南荥阳北），杀伤十余人，烧毁铜钱布帛三十余万缗匹，粮食三万余斛，把江、淮一带集中在这里的租赋都毁掉了。接着，他又派刺客到京城直接暗杀了宰相武元衡，刺伤御史中丞裴度，企图以恐怖手段阻止朝廷出兵。但主战派大臣们没有被吓倒，裴度带伤出任宰相，继续主持讨伐。元和十二年，裴度以宰相身份担任攻淮西战役总指挥，在名将李愬等人的协助下，一举平定了淮西。迫于朝廷巨大威势，成德节度使王承宗也接受朝廷招安归降，最后就只剩下顽抗的李师道了。次年，裴度挥师北上讨伐淄青，目标直指李师道。不过打了一年仍未取得胜利，这就是李翱批评裴度的背景。

裴度出征前夕，李翱直接给裴度写了一封名为《劝裴相不自出征书》的信，信中他写道：

> ……阁下以舍人使魏博，六州之地归矣；自秉大政，兵诛蔡州，久而不克，奉命宣慰，未经时而吴元济生擒矣；使一布衣持书涉河，而王承宗恐惧委命，割地以献矣。自武德以来，宰相居庙堂而成就功业者，未有其比。

先是对裴度夸奖了一番，将他已取得的成绩说降魏博、破蔡州、平淮西、平王承宗一一列出，并认为其功业已经超过了唐朝开国以来任何一位宰相。

> 是宜以功成身退、养德善守为意，奈何如始进之士，汲汲于功名，复欲出征，以速平寇贼之为事耶？自秦汉以来，亦未尝有立大功而不知止，能保其终者……

接着他笔锋一转，认为裴度功劳太高，是时候收手了。而裴度目前的做法却像一个刚入仕途的毛头小子一样，一心一意只求功名，太不稳重。他甚至暗示说功劳太大可能没有善终。

> 夺人之功，不可一也；功高不赏，不可二也；兵者危道，万一旬月不即如志，是坐弃前劳，不可三也。凡三事昭灼易见，岂或事在于己而云未熟耶？伏望试以狂言访于所知之厚者……

最后，他俨然以智者的口吻教裴度做人做官，认为裴度已经触犯了做官的三条戒律，十分危险。

整封信的内容显示了李翱的文采，也显示了他一定的政治洞察力。但总体上讲他还是没能理解整个大的政治局面，想法有些简单。字里行间更为突出的是他耿介的性格，在无拘无束的议论中已经有些接近于狂妄的地步了。不过对于李翱的批评，裴度并未进行任何积极的回应，他仍继续东征淄青，并在当年就取得了胜利。他协助宪宗取得这一系列的功业，被史家誉为"元和中兴"，也把裴度一生荣誉推至极盛。

批评宰相崔群

唐朝时期的宰相制度是"群相制"，同时担任宰相的不止一位，李翱的批评也不止针对一人。在批评宰相裴度后不久，朝廷发生了"皇甫镈举废"事件，李翱也因之对另一位宰相崔群进行了批评。

崔群与李翱同龄，是李翱老师韩愈的同榜进士。他才华出众，为官清正，唐宪宗元和十二年出任宰相，是中唐时期贤相之一。崔群的人品能力连李翱的老师韩愈都十分钦佩，但就是这么一个人却遭到了李翱的无情批评。

他之所以批评崔群，起因即是"皇甫镈举废"事件。"皇甫镈举废"事件是宪宗朝影响很大的一次朝廷人事斗争。事件中心人物皇甫镈为宪宗朝重臣，时任户部侍郎，相当于财政部副部长。他在任期间以总后勤官的身份参加了由武元衡和裴度先后主持的"平淮西"战争。战争进行过程中，皇甫镈克扣前方将士的粮饷和牲畜草料，变卖成金钱后用于贿赂朝中大臣与宦官；战争结束后，他指使部下虚报账目，继续冒领军饷。同时，为讨得宪宗欢心，他又搜罗了一批方士专为皇帝做"长生药"。他这些奸臣行径迎来朝臣的一片指责之声。但是，由于获得了皇帝和宦官们的宠信，他不仅没受到惩罚，反而官运亨通。元和十四年，唐宪宗有意让他出任宰相，同时还要任命制药的方士柳泌为台州刺史。消息传出，众臣又是一片哗然，纷纷上奏阻止。这即是"皇甫镈举废"事件。

作为众臣之首、士林共仰的崔群对这件事情并没有袖手旁观。他以宰相身份向宪宗多次进言，认为皇甫镈是奸邪小人，不可任用。有一次入朝回答皇上问话，他还以开元、天宝间的事作比喻来劝诫皇帝，说："过去玄宗年少的时候就经历艰险，经受民间疾苦，所以最初得到姚崇、宋璟，他们用道德辅佐他，就有了开元年间的安定太平，那以后玄宗安于逸乐，远离正直之士，亲近小人，所以李林甫、杨国忠靠谄媚受宠而朋比为奸，便有天宝年间的动乱。希望陛下以开元年间（的做法）作为法则，以天宝年间（的做法）作为警戒，（如果这样）就是国家之幸福啊。"又说："世人认为安禄山造反，是国家太平和动乱的分界。我认为（自从）罢免张九龄，任用李林甫为相（开始），国家太平和动乱原本就已经分开了。"应该说崔群还是尽了力的，并因此得罪了皇甫镈。但是当时的唐宪宗正处于病中，非常相信皇甫镈的"长生药"，加上皇帝身边的宦官们多已被买通，所以最后皇甫镈仍然被任命为宰相，柳泌也被任命为台州刺史。

这种局面出现后，稍有正义感的大臣们都感到很失望，怨声大起。生性耿直的李翱也不例外，他更把事件的根本源头指向了宰相崔群，认为崔群没能尽到职责。同时，李翱还想起了不久前老师韩愈因反对宪宗迎佛骨被宪宗贬谪到潮州时，崔群也未能成功解救。几件事情相加，对崔群的公愤私怨一齐涌上了李翱的心头。激愤之下，他就给崔群写了一封《论事于宰相书》，信中直言崔群"奸邪登用而不知，知而不能去；柳泌为刺史，疏而不止；韩潮州直谏贬责，诤而不得。道路之人咸曰：'焉用彼相矣！'……窃怪阁下能容忍，亦已甚矣。昨日来高枕不寐，静为阁下思之，岂有宰相上三疏而止一邪人而终不信？阁下天资畏慎，又不能显辨其事，忍耻署敕，内愧私叹，又将自恕曰：'吾道尚行，吾言尚信，我果为贤相矣，我若引退，则谁能辅太平耶？'是又不可之甚也"。

他先把皇甫镈、柳泌获任命、韩愈被贬三件事情摆了出来，接着指出朝廷对这样的事情都不能公正处理，还要你这个宰相做什么用？而后，他又分析原因，认为之所以出现这种局面不是偶然的，而是由于崔群天生就胆小怕事，为保自己而对奸臣一再容忍，最后还要讽刺一句，说崔群自认为是担任宰相的最佳人选，完全属于自我感觉良好，根本不符合事实。

给崔群的这封信言辞之尖刻激烈，情感态度之强烈，都达到超出常理的地步，从中可以窥见李翱性格之一斑。

批评唐宪宗

作为诤臣，除了敢跟宰相叫板以外，肯定不能少了一个重头戏——向皇帝叫板，李翱当然没有缺少这个篇章。

元和十五年（820），李翱担任吏部考功员外郎兼史馆修撰，按照官制规定，他已经有了向皇帝上书言事的资格。于是，他尽职尽责地向宪宗上了一份洋洋洒洒数千字的《论事疏表》。

在表中，他先盛赞宪宗即位以来的种种军事功绩，认为这是平祸乱所不可缺少的武德。接着他指出目前国家所需要的是创造太平盛世的"文德"。

> 臣以为定祸乱者，武功也，能复制度兴太平者，文德也，非武功不能以定祸乱，非文德不能以致太平。今陛下既以武功平祸乱，定海内，能为其难者矣，若革去弊事，复高祖、太宗之旧制，用忠正而不疑，屏邪佞而不近，改税法不督钱而纳布帛，绝进献以宽百姓税租之重，厚边兵以息蕃戎侵掠之患，数引见待制官，问以时事，以通壅蔽之路……凡此六者，政之根本，太平之所以兴。陛下既已能行其难者矣，又何惜不速其易为者乎？

开头这段话还算温和。先是表扬了一番宪宗在武功方面的成就，并指出他所完成的武功在难度上实际比文德还要大一些。顺着这个话头就讲文德，既然您把武功这个难的事情做好了，那难度相对小一些的文德不是更应该去完成吗？要做也容易，就是这么几件事：一是复兴高祖、太宗时候的老制度；二是用忠正之臣，远离邪佞之臣；三是修改税法，允许老百姓以物交税；四是取消百姓的进贡；五是重视边境军事建设；六是广开言路，定期召见基层官员以掌握实情。表的口气也是谦卑的提建议的口气，只是略微有些暗示，表明宪宗正缺乏这些东西。

接下来这段话语气就加重了些。

> 以臣伏睹陛下，上圣之姿也。如不惑近习容悦之词，选用骨鲠正直之臣，与之修复故事而行之，以兴太平，可不劳而功成者也。若一日不以为事，常恐大功之后易生逸乐，而群臣进言者，必曰"天下既已太平矣，陛下可以高枕而为宴乐矣"。若如此，则高祖、太宗之制度，不可以复矣。制度不复，则太平未可以速至矣。

字面上他对皇帝还是很尊敬，夸奖宪宗有做"上圣"的资质。但紧接着讲的一番话就不那么客气了，皇帝之种种不足基本上无法掩饰地全体现出来了。他要求皇帝远离奸邪、任用正直大臣、提防在取得大功之后安于享乐不能复兴高祖、太宗时的优良制度，言下之意即皇帝本身确实有近邪、远贤、逸乐、拒谏这些错误的行为。

> 臣窃惜陛下圣质，当可兴之时，而尚谦让未为也。

最后这一句更意味深长，意思是说，您看您这么好的天资，又遇到这么好的时候，您却还要谦让不去做好皇帝，我为您可惜啊！字面上还是夸奖，仔细一琢磨可全是带有讽刺的批评啊，基本上就是在说皇帝您没干正事，浪费了机会。

这么一封奏折送上去，以唐宪宗当时正沉醉功劳、迷着"长生药"的状态，没当场把李翱拿下算是幸运的了，但李翱想要在宪宗治下得志的可能性就几乎为零了。

四、迈向官场生涯顶峰

经历了职位上的几起几落和京城的几进几出后，中年的李翱逐渐成熟。他的能力、资历以及官场的人脉资源也逐渐聚集，这成就了他一步步走向官场生涯的顶峰。当然，即使是迈向顶峰的道路，仍然布满了荆棘。

首遭贬黜

李翱在一年半时间里接连批评上司，连皇帝都没放过，这显然是为自己埋下了一枚危险的定时炸弹，一旦时机不对，他就会遭受祸殃。元和十五年，李翱好友李景俭犯事而遭受贬黜，李翱也一并受罚。

李景俭与李翱年龄相仿，是李翱青年时期即已结交的好友。在应考进士、"博学宏词科"时二人俱是同窗考友，考中的时间也相近。唐德宗贞元年间，李翱在河南府做司户参军时，也与李景俭是同事。这种青年时期结下的友谊本身就很深厚，两人又有互相敬佩的东西——就是秉直率性的性格。李景俭虽为皇室宗亲，但却无一丝傲慢专横的皇族脾气，反而和一帮平民出身的官员交好，时常一起纵酒放歌、指责朝政、批评权贵，得罪公卿贵胄无数。元和十四年（819），李翱从地方返回京城任职时，李景俭刚好也获任新职谏议大夫。生性放荡不羁的李景俭见到多年未谋面的老友十分高兴，两人开怀畅饮至通宵达旦。第二日李景俭即向朝廷上表，认为自己才德不够担任谏议大夫，推举李翱代替自己上任。这在当时官场看来完全是胡闹之举。一方面朝廷任命官员不能如此随意，自有一系列考察推举方法，哪有私相授受之理？李景俭此举等于是说朝廷不能识人用人。另一方面，谏议大夫是属于中书省也就是立法机构的正五品高官，李翱此时刚回京城，还没有正式官职，只是到兵部担任挂职，资历还差得很远。李景俭的上奏毫无悬念地当即被驳回，并遭到上级一顿申斥。更加糟糕的是，由于李景俭在朝廷中素以狂放著称，他如此看重李翱，使得众人很容易将二人归为一类。也就是说，李翱一到京城就给众人留下了不好的印象。再加上李翱接连批评高层，官场地位就迅速到了岌岌可危的地步。

不久，李景俭因言辞得罪宰相皇甫镈，遭到贬黜，调出京城任澧州刺史。李翱因与李景俭的关系，也一并遭到贬黜，调出京城任朗州刺史。从官员品级上讲，两人还算是升官，因这两个州刺史的品级为正四品。但这种贬官的惩罚主要体现在地方的险恶。澧州即今天的湖南省澧县，朗州为今天的湖南省常德市，这两地在当时都属于没怎么开发的地方，经济、文化、生活环境都比较恶劣。这也属于当时官场游戏惯用的"明升暗降"招数。

得到消息后，受牵连的李翱没有多作争取，老老实实上路赴任了。反而本为事主的李景俭获得了好运气。他在离京赴任前，作为皇室宗亲，照例要在延英殿辞别皇帝。辞别时，李景俭仍是不服气，在皇帝面前为自己争辩，大发了一通怨气后才上路。没想到，他刚走出京城，皇帝左思右想，觉得李景俭确实情有可原，马上发了一道急诏将其从半路召回，重新任命为仓部员外郎。过了几个月，皇帝驾崩，新皇登基，李景俭的好友、大诗人元稹当了宰相。经过元稹的帮助，李景俭很快又官复原职，继续担任了谏议大夫。也就是说，李景俭转了一个圈，有惊无险地度过了这次官场危机。但李翱就没这么幸运了，毕竟在京城得罪的人太多，一时没有关键人物为他说话，只好在被贬地多年逗留。他先是在朗州做了十个月刺史，后又被调到舒州（今安徽潜山县）做了两年刺史，直到唐穆宗长庆三年（823）十月才又回到京城，任礼部郎中，相当于文化外交部门的一个处长，职位当然有些偏低，但毕竟是回到了京城，也算是幸事。

在遭贬中升迁

五十二岁的李翱好不容易才回到京城，却马上又干了件惊天之事——"面数宰相李逢吉"，即当面斥责宰相李逢吉的过失。

李逢吉与李翱同出"陇西李氏"，才学优良，进士考试中以探花中榜，也是经历数朝的重臣。但此人最大的问题在于为人阴险，以玩弄权术出名。穆宗皇帝为太子时，他曾以侍读身份辅佐过。穆宗登基后，他借这层关系大肆结交皇帝身边的宦官，逐渐进入中央核心层。在中央任职期间，他嫉贤妒能，为了独揽朝政，使出各种手段排挤裴度、元稹等股肱大臣。穆宗长庆二年，元稹、裴度都被贬出京城，李逢吉又把目标对准了当时声望很高的李绅。李绅时任御史中丞，相当于最高人民检察院副检察长，从级别上看，还够不上对李逢吉的实质威胁，但李绅的发展方向却让李逢吉心惊。李绅是著名诗人，以才学受宠于穆宗，翰林学士出身，这很可能是新一届宰相的人选。得知李绅即将出任御史大夫，李逢吉通过穆宗身边近臣向穆宗进谗言，使得李绅的升迁被搁浅了。随后，李逢吉将时任吏部侍郎的韩愈推为御史大夫。这样一来，局面就变成了仿佛是韩愈在背后使坏，夺了李绅的官位一样。生性有些偏执的李绅果然中计，马上发公开信向韩愈问罪。韩愈不明就里，也不客气地进行了回应。两人你来我往，吵得不可开交。此时李逢吉再以正义面目出场，以败坏朝纲为由，把二人各打五十大板，将韩愈贬为兵部侍郎，李绅则贬为江西观察使，直接贬出京城。事情到了这个地步后，大家方才恍然大悟，原来真正的幕后黑手是李逢吉，不过事情已发生，很难再改变，加上李逢吉的强大势力，各方都拿他没什么办法，顶多也就是背后骂一骂解恨而已。

李翱正是在这个情况下知道这件事情的。听说自己的恩师加俗岳父韩愈被如此耍弄后，李翱怒不可遏，加上自己到京城任礼部郎中一年后仍未得升迁，几件事相加，他一怒之下就直接冲进了宰相府，当面数落李逢吉阴险奸诈，嫉贤妒能。骂完后，李逢吉当场倒没有发作。显然，作为一个资深的官场老手，他的城府不会如此浅薄，反正他是赢了，被骂几句也不在乎。但李翱当时却心中惶恐，觉得恐难逃一劫，干脆以生病为由向上司告假。请了三个月假后，照规定他原来的工作自动停止，需要重新安排工作。此时已是唐敬宗宝历元年（825）二月。这个时候，李逢吉又站了出来，为李翱奏请了一个庐州刺史的位置。李逢吉这几手都相当老辣，李翱这样单纯耿直的人在他面前完全只有被牵着走的份。李逢吉挨了骂却不动声色，这就得了能容人的名声，顺便将心理压力包袱甩给了李翱；李翱自己搞成了停职局面需要人帮助时他又恰到好处地以救人于危难的身份出现，这又得了济困救危的名声，顺便又卖给李翱一个大大的人情。但实际上呢？李翱虽说得了官，但却被贬谪到了庐州，达到了李逢吉所希望的目的。可以想见，在李逢吉失势之前，李翱别想再轻易地回到京城了。

果然，李翱在庐州刺史任上一待又是两年，直到宝历三年，唐敬宗被宦官刘克明与苏佐明等杀死，新皇唐文宗登基。朝政发生大变故后，没过多久，李逢吉被调出京城任地方官。李翱这时才获得机会，自庐州刺史任上返京。这一次，由于政敌被贬，加上新任宰相韦处厚是李翱好友，通过他的帮助，李翱返京即获得升迁，被任命为谏议大夫，并以本官"知制诰"，也就是担任皇帝的高级政治顾问。自此开始的三年中，李翱的仕途之路相对通畅许多。两年后，他再获升迁，担任中书舍人，这是唐朝立法机构中书省的排名第三的官职。由于中书省的长官中书令和副长官中书侍郎同时担任宰相，常常无暇顾及中书省日常事务，所以中书舍人就成为中书省的实际责任者，相当于今天全国人大秘书长。当然，中书舍人一共设置有六名，属于共同负责制度。但无论怎样，能担任这个官职仍表明李翱进入了中央上层官员的行列。此时，李翱五十八岁。

从刺史到尚书

然而事情仍没有完全顺利地发展，李翱任中书舍人仅两个月，即因"柏耆案"受牵连而被降职。

柏耆是唐大将军柏良器之子，自小继承家族传统，富有才略，在纵横游说方面的才能尤其突出。在唐穆宗元和年间（806~820）的"平淮西"战争中，柏耆是行军司马韩愈属下的一名参谋，多有计策贡献。后又肩负重任，只身入镇州说服成德节度使王承宗归顺朝廷，建立过奇功。到唐文宗太和年间（827~835），他已经担任了谏议大夫的要职。由于他曾是韩愈的属下，因此与李翱也有一定交往。

柏耆的事情起因于唐文宗太和初年的"平沧州"战争。太和元年（827），沧州节度使李同捷不听朝廷号令，文宗下令讨伐。战争打响后，成德节度使王庭凑暗中相助李同捷，多方阻挠朝廷的进军，加上主将不得力，所以打了两年后，仍未能结束战争。到了太和三年正月，李祐担任唐军主帅，逐渐扭转战局。四月份，李祐率军攻陷李同捷的防守重镇——德州，对李同捷的大本营沧州形成围攻之势。在这种情况下，李同捷只得放弃抵抗，献出沧州城，向唐军请降。李祐接受降书，命部下万洪代守沧州，看押李同捷的投降部队。李祐自己则率主力部队继续追击残余的敌人去了。正是在这个节骨眼上，柏耆来到了沧州。他是来向前线部队和投降者宣读朝廷谕旨的。本来这只是例行公事，宣读完诏书就算完成任务。可柏耆偏偏是个对打仗立功非常感兴趣的人，见到这样的场面，他岂肯不去参与一下而轻易放过？于是，他越俎代庖，率数百骑兵进入沧州，以李同捷诈降为名，要擅自将其押解回京。守城的万洪当然不同意，柏耆便诛杀了万洪，押解李同捷及其家属去京城。当部队走到将陵这个地方的时候，有人告诉他，说李同捷的盟友——成德节度使王庭凑会来解救李同捷。柏耆一听，干脆一不做，二不休，当场将李同捷斩首，以免夜长梦多。然后，他遣快马将李同捷首级送回京城请功。事情传回京城后，朝野哗然。朝中许多官员都认为柏耆太过于胆大妄为，他只是一个宣谕旨的慰问官员，却擅自杀了前线大将，又擅自杀了已投降的敌首，这完全没把朝廷法纪放在眼里。前线的李祐听说后，更是十分愤怒，既恨柏耆杀了自己的部下，又恨柏耆抢功劳。于是，各地奏折如雪片般递上朝廷，纷纷要求严惩柏耆。在这种情况下，柏耆被连贬多级，发配循州做司户参军，也就是从正五品的高官变为八品的基层小官。事情还没完，柏耆曾得罪过的宦官对皇帝密报说柏耆不仅擅杀李同捷，而且还从中贪污了不少战利品，同时李祐听说柏耆未被处死后一病不起。文宗既恨柏耆贪污，又爱惜大将李祐，最终他追发了一道诏书，将柏耆赐死了。

"柏耆案"发生后，文宗气愤难平，下令追查其党羽，结果李翱就被牵连出来了。原来，李翱不仅与柏耆有交往，而且在柏耆担任宣谕官这件事情上，他是起了推动作用的。李翱不仅曾向朝廷推荐过柏耆，而且柏耆出发时，他还亲自送过。主办案件的官员一看，这还了得，李翱不就是一个关键的罪魁吗？于是就禀明文宗，将李翱贬出京城，谪往郑州任刺史。

从太和三年到太和八年，李翱在地方上又徘徊了五年，任官地在河南、湖南、广东三地辗转。先是由郑州刺史迁往广东，任桂州刺史、充桂管都防御观察使，接着又由广东迁往湖南，任潭州刺史、湖南观察使。直到太和八年十二月，由于他在地方上任劳任怨的积极表现，再加上朝中好友的帮忙，终于再次回到京城，任刑部侍郎，相当于担任公安部副部长。此时，李翱已经是六十三岁的老人了。

一年后，他转任户部侍郎，相当于财政部副部长，同年八月，以检校礼部尚书、襄州刺史充山南东道节度使（治襄州），也即以相当于代理文化外交部部长身份兼任襄州市市长以及山南东道主官。此时，他的品级已达正三品，又有尚书衔，已经位列名副其实的中央高层中间了。同时，他所署理的山南东道和襄州都是天下重镇，完全不同于以前被贬谪所担任的那些刺史和观察使的位置了。

山南东道管辖今天湖北省长江以北、河南省西南部和重庆市东部地区。襄州即今天的湖北省襄阳市。这一地区以及襄州本身在当时唐朝版图中地位都很重要，属于南北交界、东西交界之要冲，自古为兵家必争之地。李翱能获此任职，充分说明朝廷此时对他已经非常器重。不过，天不假年，此时的李翱已经六十四岁，身体已经十分衰老。赴任前，李翱已经身感不适。彼时，好友韦处厚的儿子为韦处厚编文集，请李翱写序，李翱本想答应，无奈身体状况确实不佳，难以完成，最终他推荐了刘禹锡来写这个序。

到襄州赴任后的第二年，即唐文宗开成元年（836），李翱染病不起，卒于山南东道节度使任上。

李翱奔波忙碌的一生在他人生功业达到顶峰时画上了句号，也可以算是死得其所。朝廷感念他生前的功业，给了他一个相当高的评价——赠"文"字为他的谥号，所以后世也经常称他为"李文公"。

五、宦海生涯总结

李翱于唐德宗贞元九年（793）参加进士考试，于贞元十四年考中进士，贞元十七年通过"博学宏词科"考试步入官场，至唐文宗开成元年（836）去世，其宦海沉浮事迹大略如上。

宦海的显耀与平淡

他历经宦海三十五年，从九品的校书郎开始，最后位至正三品的礼部尚书，更兼任重镇藩帅，其人生不可谓不奋发，其功业亦不可谓不显耀。从他的成长历程中，能看到他个人的勤勉努力，能看到他个人的才学能力，也能看到官场师友与他的交往及对他的提携，更能看到整个动荡时代的变化对他个人的影响。不过，和同时代的许多文人相比，李翱的宦海经历乃至人生经历总体而言比较平淡无奇。在他任官时期曾发生过许多重大历史事件，例如"永贞革新"、"平淮西"战争、"朋党之争"等,李翱都只是间接和这些事件发生联系而没有直接卷入其中。这正是他人生经历平凡中最突出的表现。这完全与他的老师韩愈以及好友柳宗元、刘禹锡的经历不一样。韩愈等数人所取得的宦海功业不一定比李翱高,但是他们的经历确实比李翱复杂跌宕。他们经常被卷入重大政治事件,带来宦海经历的大起大落,带来人事关系的重重纠葛,看上去的确要更精彩。

造成这种状况并非是偶然的,其中还是有些可以发现的原因。首先,这与李翱最主要的人生兴趣追求相关。不可否认,那个时代的读书人一般都会把读书做官作为梦想与追求之一,李翱也不例外,否则也不会那样坚持考科举了。同时,面对中唐日渐衰微混乱的朝政局面,大多数年轻人也都有想去改变现状推动国家振兴的志向。但是这样的梦想和志向在不同的人那里,表现方式还是有差异。在做官从仕的态度上,李翱就不如韩愈、柳宗元、刘禹锡追求得那样强烈。他对自己的人生定位早年就有"志于仁义"的说法,即主要还是希望能在做人和重振儒学上有更多的影响;李翱比他们都更注重个人品德的修养,更注重个人节行操守的完善。这使得他从出发点上就排斥了当时官场较流行的"朋党"做法。远离了"朋党",自然就远离了很多政治旋涡。

他的人生设想还有一个"以及物为首"的态度,就是说在任何状况下都希望能干些实际的事情,以免浪费光阴。由此,他在二十九岁时就曾感叹人生短暂,急欲有所作为,其言曰:

> 吾之生二十有九年矣。思十九年时,如朝日也;思九时,亦如朝日也。人之受命,其长者不过七十、八十、九十年,百年者几稀矣。当百年之时,而视乎九十年时也,与吾此日之思于前也,远近其能大相悬耶?其又能远于朝日之时耶?

意思是说,我现在虽然二十九岁了,但当我回想十九岁时的事情,好像就在早上发生一样;回想九岁时的事情,也像是在早上发生的。人活一世，多不过七十、八十、九十岁，活过百岁的很少见。即便是活到一百岁，当你回想九十岁时的事情，和现在我回想之前的事情，能有多大悬殊呢？不也就像在早上发生一样吗？

言辞之间，对时间的重视、对人生紧迫感的重视都跃然纸上，正是在这样的时间观推动下，他在官场任职处于低潮时，即会主动做其他的实事而不消沉，比如在浙东任职时，就利用闲暇时间写了一部《唐书》。这样的兴趣追求也使他对仕途看得比较淡，常以"知足"自居。不汲汲于官场追求使得他的仕途发展很随意，他也因此错过一些重要的政治事件和斗争。

其次，这与李翱的个人性格关系密切。李翱的性格总体而言比较率性秉直，虽说他也有刻意结交人的时候，但大多数时候的言行都是比较耿介的，尤其是对官场的上级。用李翱自己的话说就是"直词无让"，用《旧唐书》里的话说就是"性刚急，议论无所避"。他早年在河南府中任司户参军时就因"黄卷故事"和林司录激烈交锋，辞官也在所不惜；在岭南杨于陵那儿做幕僚时，也因杨于陵造石门大云寺佛殿而连续两次上书阻止，直到目的达到方才罢休；在浙东李逊那里做幕僚时，也因处分陆姓巡官事件和李逊相争，也是以辞职相胁来达到目的；元和十四年更是大放异彩，接连上书批评宰相崔群、裴度和皇帝唐宪宗；长庆年间，更有面刺宰相李逢吉的壮举。甚至于对自己一生最敬重的韩愈，他也有直词不让、出言不逊的时候。如元和年间，韩愈任吏部侍郎，选拔人才十分得力，有好贤之名，韩愈也以此为自信，写信给李翱说"于贤者汲汲，惟公与不材耳"。意思是说，这天下积极追求贤才的人，也就是我和你吧。这话既有自夸的成分，但更多地显然是惺惺相惜的意味。照常理也得谦虚谦虚，最起码不能驳人面子，但李翱却毫不领情，直指韩愈此言太过，真正的好贤才应该是庞统所说的"拔十失五，犹得其半"，也就是说选拔十个人才有五个可用，就算可以的了。言下之意就是告诫韩愈不要自以为最能识人，自以为能将天下贤才尽皆选拔而无遗漏。他甚至指出韩愈所谓的好贤，实际上是以自己的标准来选拔的，受到韩愈选拔的人都"必须甚有文辞，兼能附己，顺我之欲，则汲汲孜孜，无所忧惜，引拔之矣"，既要文辞优秀，又要能顺应韩愈本人的想法，这才能得到他的提携。这哪里算是真正的识贤才呢？最后，他还给韩愈一个忠告："大凡身当位，得志于时，慎闭口不可以言知人。若知人而不能进，志未得而气恬体安，不引罪在己，若颠若狂，与夫不知人者何以异也。"意思是说，您韩某人现在正得志，大权在握，所以敢于口出狂言，但其实这是在位的人最忌讳的东西，您老说自己能知人识人，那您能真正做到把知道的贤人都提拔吗？回答是不能，要是这种情况的话，那您这与不知人有什么区别呢？他整个文章的用词、语气都非常不客气，完全像是在教学生，而不像是在和老师说话。

正是由于李翱这个性格特点，所以许多做过他上级的人都选择用他，但不会重用他。用他是看重他的才学，而不重用他就是觉得他这个性格让人受不了。

再次，由于前两个原因，李翱早年的仕宦生涯就比较庸碌了，长时间在偏远的藩镇中做幕僚，远离政治中心，自然也就远离了很多精彩的历史。把他在中央任职时间加起来，从他做校书郎开始，到国子博士、考功员外郎、礼部郎中、谏议大夫及中书舍人、刑部侍郎等职务为止，总共时间也仅六七年而已。

最后，李翱的创作特长也限制了他的仕途发展。作为文人的李翱，其创作兴趣主要在古文而不是诗歌。而唐代恰恰是诗歌最鼎盛的时代，当时文人墨客、高官显贵之间多以诗歌作为交往的纽带，或者互相唱和，或者互相联句，从中交流感情、拉近距离。有不少读书人正是靠诗写得好受到重用，比如，李绅、元稹等。李翱不擅写诗，这就极大地限制了他的人际交往渠道，也就从某些方面限制了他的发展。

主要政治主张

虽然李翱的仕途相对平淡，但毕竟还是在政治舞台上留下过一定痕迹，从中也能看出李翱的政治立场与能力水平。李翱主要的政治主张有三个方面。

第一方面，他反对藩镇割据，支持中唐时期的削藩政策。元和十五年（820），李翱担任吏部考功员外郎并兼史职期间，曾向唐宪宗上了一份《百官行状奏》，其中对宪宗主持的削藩战争大加赞扬。文称："伏以陛下即位十五年矣，乃元年平夏州，二年平蜀斩辟……七年田宏正以魏博六州来受常贡，十二年平淮西，斩元济，十三年王承宗献德、棣入税租，沧景除吏部，十四年平淄青，斩师道，得十二州。神断武功，自古中兴之君，莫有及者。"文章将唐宪宗在位期间所进行的历次平定叛乱节度使的功绩都进行了一一展示，并认为此乃前无古人的"中兴"大业。除此之外，对指挥、参加过削藩战争的大臣们他都予以极高的评价，唯一遗憾是他自己没能亲自参加。

第二方面，他力求革新弊政。早在考进士时，他就开始在考试策论的试卷里面对当时的政策进行评论，要求改革。

《进士策问第一道》主要评论中唐时期著名的"两税法"。"两税法"是唐德宗前期宰相杨炎实施的一项非常有意义的新税法，主要是把之前按人头收的税改为以土地面积收税，应对当时由于土地兼并带来的贫富分化问题。这个政策实施初期起到了效果，可是到了后期，由于税收主要用铜钱缴纳，老百姓需要将所产的农产品先换成铜钱再交税，久而久之即加重了百姓负担。李翱在文章中指出，税法实施之初，农产品价格合适，老百姓交税也还正常，"税户之岁供千百者，不过粟五十石，帛二十有余匹而充矣"，不过三十年之后，情况变化了，

"及兹三十年，百姓土田为有力者所并，三分逾一其初矣，其输钱数如故。钱直日高，粟帛日卑"，百姓土地有三分之一被大户兼并，但交税还是按原来的面积交，而此时货币升值，农产品贬值了，原先只需要缴五十石粟的，现在要缴二百石，原先要缴帛二十有余匹的，现在要缴八十匹，在这种情况下，"百姓日蹙而散为商以游，十三四矣"。务农的老百姓越来越困难，十分之三四的人都做生意去了，这对于以农立国的唐朝当然不是好消息。

《又第二道》对中唐时期中央政府对吐蕃采取的和亲政策提出疑问，认为"和亲赂遗之，皆不足以来好息师"。他认为，我们以和亲给他们送礼物，仍然换不来边境的和平，吐蕃贵族依然时常到唐朝边境"攻陷城池，掠玉帛子女，杀其老弱，系累其丁壮"，所以和亲政策需要反思。

针对弊端，李翱有自己的改革主张。这集中体现在元和十五年他给唐宪宗所上的那封《论事疏表》中。在这封两千多字的长文中，他从六个方面提出意见，分别是《疏用忠正》《疏屏奸佞》《疏改税法》《疏绝进献》《疏厚边兵》和《疏数引见待制官问以时事》，要求唐宪宗从人事、财政税收、边防和广开言路各个方面进行全面的改革，体现了李翱为官敢言、务实的作风。

第三方面，他坚持并实践了儒家的"民本"政治理念。李翱的"民本"政治理念集中体现在《平赋书（并序）》中。文中写道：

> 四人（"四民"，唐人讳"民"为"人"）之苦者，莫甚于农人。麦粟布帛，农人之所生也，岁大丰，农人犹不能足衣食，如有水旱之灾，则农人先受其害……人皆知重敛之为可以得财，而不知轻敛之得财愈多也。何也？重敛则人贫，人贫则流者不归，而天下之人不来。由是土地虽大，有荒而不耕者；虽耕

之，而地力有所遗。人日益困，财日益匮，是谓弃天之时，遗地之利，竭人之财。

他要求统治者和为官者能体察农民疾苦。他指出，在当时社会士、农、工、商四种社会成员中，农民最重要却又最苦，因为社会所用度的一切都由农民提供，但农民的自身利益却得不到基本保证，一旦遇到人灾，首当其冲的就是他们。如何去体察呢？就是要轻赋税，而且轻赋税不仅只是减轻农民负担，还要真正贯彻增加财富的根本措施。因为只有实施轻赋税，农民才能过好生活，农民安居乐业了，劳动力才能得到最大限度使用，而土地也才能得到最大限度的开发。这些正是儒家一贯坚持的"民本"传统的核心思想，李翱可谓深得精髓。

作为一名具有务实精神的思想家，他并不只在理论上谈"民本"，在为官工作中也多有实践。李翱为朗州刺史时，曾组织大批劳动力根据当地河流地形开挖堰河，"溉田千一百顷"。因为李翱当时是以考功员外郎的身份任朗州刺史的，所以当地人都亲切地称此堰为"考功堰"。李翱为庐州刺史时，正碰上当地大旱，又发生瘟疫，四万多人口逃亡，而权豪势家趁机发不义之财，贱买房屋，牟取暴利，逃避赋税，官府却仍向贫穷人家征赋。李翱上任后打击豪户，按田产多少征租赋，不许隐瞒。这一措施使得当地权豪大户交税一万二千绢，减少了贫下户的负担，当地得到安宁。

第四方面，李翱与老师韩愈立场一致，坚决排抵佛、道二教。与韩愈一样，李翱抵制佛教除了哲学伦理上的原因以外，更重要的原因还在于中唐时期，佛、道二教的盛行给社会带来了不安定因素：大量劳动力加入宗教，既使社会损失劳动力，又白白消耗社会财富。他曾写《去佛斋（并序）》表达其立场：

> 故其徒也，不蚕而衣裳具，弗耨而衣食充，安居不作，役物以养己者，至于几千百万人，推是而冻馁

者几何人可知矣。于是筑楼殿宫阁以事之，饰土木铜铁以形之，髡良人男女以居之，虽漩室、象廊、倾宫、鹿台、章华、阿房弗加也。是岂不出乎一百姓之财力欤？

意思是说，那些佛教徒什么都不做，却吃穿住行什么都不缺，这都是由百姓血汗来供养的。像现在这样几千百万人都加入佛教，坐享其成，那由此造成了多少冻死饿死的百姓可想而知。

这其中立场实际上仍是其"民本"思想的一种延续。

总之，三十一年的宦海生涯，李翱是荣耀与平淡并存，在尝尽各种悲欢苦辣后，还是基本实现了理想。他曾这样评价自己的做官原则：

为官不敢苟求旧例，必探察源本，以恤养为心，以敢豪吏为务，以法令自检，以知足自居，利于物者无不为，利于私者无不消。

意思是说，我李翱做官，绝不敢因循守旧，一定要找到做官的本源（以百姓为本），以满足百姓需求为指导思想，以敢于对抗豪强为任务，用法令约束自己，心态知足，对于社会发展的事情都要做，对自己私人有利的都要戒除。通观李翱一生，他的确用实际行动兑现了承诺。

第 3 章

师友情深

李翱所处的时代本身是个十分讲究人际交往的时代。一方面，在那个时代，一个人要想有所作为，一定不能缺少人际关系的帮助，尤其是身边优秀的老师、朋友的帮助。另一方面，当时的文人墨客也的确有这样一个交朋结友、互相切磋长进的习惯。李翱虽说一生交往圈子相对狭窄，但毕竟不能脱离时代特点，他在不同的年龄阶段以不同的方式结交了一批仁人志士。这些人对李翱的成长都从不同程度上发挥了作用，现择其有代表性的几个人物来做一般了解。根据这些老师、朋友对李翱产生影响的类型和程度，我们可以将他们分成三类，分别是专门叙述李翱与老师韩愈交往的韩李之交、知遇之交和学问之交。

一、韩李之交：千古佳话

在中国古代历史上，思想文化领域内的传承多以师徒相继的形式进行。这种方式催生了不少名耀千古的文坛师徒，如孔子与七十子、欧阳修与"三苏"、苏轼与"苏门四学士"等。在这些著名的师徒中间，韩愈与李翱师徒显然可以占据一个显要的位置。有唐一代，在文学、思想上均有造诣的人不多，而韩愈、李翱师徒均可以算其中代表。有唐一代，文坛师徒也不少，但对后世影响最大的恐怕也就是这对师徒了。由师徒二人共同缔造的复兴古文运动、复兴儒学"性命"之道的思想事业，在中国文学史、思想史和哲学史上都留下了浓墨重彩的一笔。师徒二人不仅志同道合，趣味相投，而且情感深厚，令人动容，他们之间的交往为我们留下了千古佳话。

汴州兵乱：因祸得福的相遇

韩愈出生于河南河阳，算是李翱的大同乡。不过贞元十二年之前，他们都各自奔忙于仕途之上，不曾谋面，但李翱对韩愈的名望却早如雷贯耳。李翱当时已知道京城有个"昌黎韩愈"，文章精彩、思想新颖，常有不拘于流俗之举，为士林所推崇，所以他一直想找机会结交。

谁也没料到，二人结识的机会竟是一次危险的军事变乱——"汴州兵乱"。汴州为河南重镇，是掌控中原大地的要塞，自古为多事之地。唐朝时期，朝廷即在这里设立了节度使职位，并给予较大权力，以便相机行事。经过长期发展，汴州军事力量日益强大，实际上朝廷已经难以控制了。贞元初年，任节度使的是中唐名将刘玄佐，他不断增加兵力，终达到十万之众。在他生前，凭借自己的个人威势，尚能镇住众人，维持局面，不过他死后情势就开始变化。他的儿子刘士宁继任为节度使。刘士宁比起他父亲就差太多了，不仅能力一般，而且是个贪图享乐的花花公子。他上任后也不理政事，整日里花天酒地混日子。于是，唐德宗贞元十年（794），刘玄佐生前得力部下万荣抓住机会发动兵变，将刘士宁赶出了汴州，自任节度使。朝廷经过考虑，承认了这次兵变，任命万荣为节度使。但是，刘士宁原先的旧部们不肯接受万荣的指挥，不停地发动新的兵变反叛。为保住位置、平息局面，万荣采取铁腕政策，将反叛者一律诛杀，杀到后来甚至将反叛者的妻子儿女也一并杀死，致使整个汴州处于一片恐怖之中。这个局面也没有持续很久，几个月后，万荣中风，成为废人。他儿子万遒立即站出来，想要效法刘士宁当年的做法，继为节度使。但万荣生前已经四面树敌，这时候的局势已经不是万遒所能控制的了。很快，刘士宁原先的部下邓惟恭联合朝廷派来的宦官监军俱文珍一起又发动兵变，将万遒一干人等全部逮捕，随后乱棍打死。到了这时候，邓惟恭成为了最具权势的将领，于是他也不客气地把节度使职位代理起来，心安理得地等待朝廷的册封。

贞元十年正是李翱第一次应考进士不中的时候。他离开京城准备回家乡汴州陈留县，恰好就碰上了汴州在兵乱之中。他只好改变行程，暂时到徐州张建封处做幕僚，避一避祸患。

李翱在徐州待了两年，这两年间，汴州发生了重大变化。满心等待册封的邓惟恭没有等到好消息，而等来了一个朝廷任命的节度使。原来，朝廷一看邓惟恭的请求就觉得不妥。这地方接二连三地发生兵乱，根源就在于对兵乱首领的承认，这次如果再满足邓惟恭的要求，那不是又埋下一个祸患？所以朝廷拒绝了他的要求，指派了一名京官来担任节度使，处理混乱局面。这名京官就是董晋。董晋为官以温文敦厚、忠贞干练著称，曾历经多次叛乱，时任礼部尚书、兵部尚书兼东都留守，是经验丰富的老臣。邓惟恭对董晋的到来非常不满，私下里准备继续发动兵变。董晋访得消息后，采取先下手为强的做法，迅速捕杀邓惟恭党羽，囚送邓惟恭到京师，整个变乱得到控制。

李翱得知汴州好消息传来，即辞别张建封返回故里。到汴州后，他得到一个更高兴的消息——韩愈在汴州。原来，董晋来汴州上任带来了一批自己所信任的幕僚，这其中就有韩愈。董晋很欣赏他的才学，委任他为推官，还让他主持过一次乡贡选拔考试。李翱知道韩愈在汴州的消息后，夜不能寐，第二天一清早就去登门拜访。李翱时年二十四岁，韩愈二十九岁，都是意气风发的年龄。两人一见如故，谈文析道，相得甚欢。从此两人开始了长达二十九年的交往，李翱也自此开始跟随韩愈从学古文与儒学。

亦师亦友的关系

中唐时期，由于"门第观念"对人才选拔的影响，"师道"逐渐衰落，许多读书人耻于拜师，也耻于为人师。韩愈正是重新阐发"师道"的重要人物。他大力呼吁重视"师道"，还写了著名的《师说》，从理论上解释、宣传"师道"。众所周知，韩愈的"师道"并不是保守僵化地板起脸来训人的"师道"，而是讲究互相尊重以学问学习指向的"师道"。他的名言"师不必贤于弟子，弟子不必不如师；闻道有先后，术业有专攻，如是而已"正是对"师道"的最好解释。

韩愈这样的"师道"究竟是不是合理？效果又如何？我们可以从他自己亲身的经历中找到答案。这个答案在他与得意门生李翱的交往中体现得最为明显。他们之间完全没有那种森严不可逾越的师生等级，而是一种亦师亦友的关系，他们之间的情感也正是一种亦师亦友的情感。

从称呼上看，李翱自始至终没有以先生称呼过韩愈，要么直接称呼名字，要么称呼为"我友"，最多的是称呼为"兄"，充分表明了以朋友相待的心态。韩愈对此也并不介意，他对李翱也没有动辄以"弟子"称呼，都是直呼其名，有时还以敬称"足下"来称呼。由此可见二人对"师徒"关系是作了很随意的处理的。

从具体的交往看，二人也是相互提携、帮助与勉励。韩愈初见李翱便十分赏识，将自己堂兄韩弇的遗孤独生女许配给了李翱，后又亲自主持了二人的婚礼，充分体现了对李翱的信任与栽培。贞元十七年，李翱想要为祖父立碑写墓志铭，觉得自己文笔才学都不够，思前想后，决定找韩愈撰写。要知道韩愈当时的声望相当高，找他写类似文章的人很多，且大都是豪族大户，碑主地位一般很高且支付的价格不菲。抛开金钱不谈，李翱祖父只是个八品小官，但韩愈闻听李翱的请求后，二话不说，挥笔写就《唐故贝州司法参军李君墓志铭》，不仅文采飞扬，且对李翱一门大有夸赞。文中写道："人谓：'李氏世家也，侯之后五世仕不遂，蕴必发，其起而大乎！'……翱，其孙也，有道而甚文，固于是乎在。"意思是，人们都说："李翱他们这家属于世家大姓、公侯之后代，五代人如果不出人才的话，一定是在积蓄力量，一旦有起色，就一定是个大人物！"……李翱，是他的孙子，品行高雅且有才学，这个重振家族的人就是他了。正是得益于韩愈妙笔，李翱一家的相关情况才得以更多地留名青史，否则，李翱祖父也就和众多司法参军一样在历史中湮没了。可见韩愈帮李翱这个忙意义相当大。

李翱对韩愈的勉励、照顾也不遑多让。韩愈由于个人性格与机遇问题，早年仕途较为坎坷，加上生活压力大，渐渐萌生倦意。李翱知晓后当即写信给韩愈，鼓励韩愈一定不要轻言放弃，一定要继续向京城仕途进军，并以略带严厉的口气指责韩愈，认为假设他真的放弃的话，既是对自己的能力不负责任，也是对天下百姓不负责任。在这急切语气中间饱含着的信任与勉励昭然若揭。面对李翱的殷殷期盼，韩愈也不避讳，将自己的难处悉数表达，在回信中写道："仆之家本穷空，重遇攻劫，衣服无所得，养生之具无所有，家累仅三十口，携此将安所归托乎？舍之入京不可也，挚之而行不可也，足下将安以为我谋哉？……仆在京城八九年，无所取资，日求于人以度时月，当时行之不觉也，今而思之，如痛定之人思当痛之时，不知何能自处也。"意思是说，我家境本来窘迫，加上现在家口众多，累计三十多口人吃饭，哪能在京城那个米薪珠贵的地方待下去呢？你要有门路就帮我想个办法吧。我过去在京城应考八九年时间，完全就是靠别人的施舍过生活，现在回想起来真是不知道怎么过来的。痛定思痛，你要让我再回到那种状态下去，真的是太难了。韩愈在李翱面前毫不掩饰自己生活状况的窘迫困顿，完全是推心置腹的心里话，当时的读书人都要面子，相交不到很深的程度，是难得说出这样的话的。后来，李翱还真找到机会，推荐了韩愈。正是靠着李翱向祠部员外郎陆傪的推荐，韩愈才最终获得了朝廷的任命，踏上了真正的仕途之路。

师友情深

由于当时交通局限，加上二人有许多时候都处于奔波之中，所以韩、李虽然情深，却也聚少离多，常常需要品尝离别之苦。

贞元十五年夏秋间，李翱南下浙东游历，韩愈甚为挂念，在《此日足可惜一首赠张籍》诗中写道：

我友二三子，宦游在西京。

东野窥禹穴，李翱观涛江。

萧条千万里，会合安可逢？

虽然远隔万里，但是韩愈对李翱行程、近况十分关心，想念之情跃然纸上。

元和四年，李翱被罢官，应杨于陵之邀赴岭南幕僚。出发前，李翱特地偕家眷到洛阳看望韩愈，之后才上路。韩愈一行人一直到了洛阳东边的景云山，逗留了几天方才最后告别。分手之际，韩愈写了著名的《送李翱》诗表达这种难舍之心情：

广东万里途，山重江逶迤。

行行何时到？谁能定归期。

揖我出门去，颜色异恒时。

虽云有追送，足迹绝自兹。

人生一世间，不自张与施，

譬如浮江木，纵横岂自知？

宁怀别后苦，勿作别后思。

　　韩愈、李翱自贞元十七年李翱在汴州结婚时相聚之后，已经有九年未见，此次本为九年来第一次聚会，可惜刚见面就要分别。韩愈此时也在官场中沉浮多年，所以非常珍惜与李翱的相聚，在这首诗中流露了深切的凄凉和留恋之情。

　　元和末至长庆四年，韩愈一直在京师。而元和十五年，李翱刚为考功员外郎，随即被贬朗州，又于长庆元年十一月出任舒州刺史，于长庆三年年底才回到京城。这是韩愈人生最后一段时间，也是二人相处的最后一段时间。在这段短暂的时间里，李翱还为老师出过头，即因宰相李逢吉玩弄权术导致韩愈受到贬谪，李翱不顾个人安危，当面去骂了宰相一顿。之后，两人即相继染病，只能在病中进行最后的交往了。不过这段时光却很温馨，李翱这样描述："兄以疾休，我病卧室。三来视我，笑言穷日。何荒不耕，会之以一。"这最后的交往，全都是二人对相识近三十年的时光的回忆，充满着最后时刻的相互关怀、相互宽慰。此时，二人的语言、表情甚至一个眼神都达到十分默契的程度了。唐文宗长庆四年（824）十二月，韩愈在长安去世。李翱悲痛不已，遵老师遗嘱，撰写了《韩公行状》。韩愈灵车发丧回故里时，李翱也正往庐州刺史赴任。他送了老师最后一程，写就《祭吏部韩侍郎文》，对老师表达最后一片哀思。文中写道：

临丧大号，决裂肝胸。

老聃言寿，死而不忘。

兄名之垂，星斗之光，

我撰兄行，下于太常。

声弹天地，谁云不长？

丧车来东，我刺庐江，

君命有严，不见兄丧。

遣使尊翠，百酸搅肠。

音容若在，局日而忘？

文章字字泣血，悲痛异常，这段名垂千古的师徒之情至此画上了一个悲伤的休止符。

思想学问的切磋

韩、李师徒留名后世最重要的当然是他们的思想学问。韩愈作为老师，在儒学思想、文学写作方面属于走在前面的人，但李翱也并非单纯跟着老师亦步亦趋，他是在学习韩愈的基础上有所发展的。

韩愈在思想史上重要的贡献是两个。一个是恢复儒学道统传承谱系，开创"心性"儒学复兴的局面，这是哲学思想方面的成就。另一个就是领导推动了古文运动，这是文学方面的成就。在这两方面，师徒二人有哪些切磋呢？

就对儒学思想的看法而言，李翱服膺韩愈的基本观点。他在大方向上与韩愈一致，主张在儒学思想上重视"性命"之道的阐发，摒弃过去只注重词句训诂的儒学中的"汉学"流派，以儒学"性命"之道与佛、道二教的"性命"思想相抗衡，重振儒学的权威。

不过在一些具体细节上，他与韩愈还是有区别的，比如，对佛教的态度二人有差异。虽然二人都看到了佛教"入侵"在文化、社会习俗和经济生产上给唐朝带来的全面危机，都主张坚决抵制佛教，但抵制的坚决程度还是有区别的，相比较而言，韩愈更为彻底。所以元和十四年（819），宪宗皇帝派遣使者去凤翔迎佛骨，京城一时间掀起了信佛狂潮。此时，韩愈不顾个人安危，毅然上《谏迎佛骨表》，痛斥佛之不可信，要求将佛骨"投诸水火，永绝根本，断天下之疑，绝后代之惑"。此举后果严重，唐宪宗差点杀了韩愈，最后经裴度等人求情才只将他贬谪到潮州。反观李翱，虽也抵制佛教，却没有这么激烈的举动。实际上李翱对佛教还并不是持一棍子打死的看法，他与佛僧澄观有交往，非常重视研究佛学中的"性命"学说，并将其中一些合理成分运用到了自己的思想中。在他看来，单纯作为一门思想的佛学和单纯作为一门宗教的佛教都有存在的价值，问题只是在于佛教现在过盛，妨碍了中华正统思想文化的发展，所以要进行限制。只要佛教控制在一定范围内，他还是愿意接受的。再比如，李翱对"性"与"情"的看法也与韩愈有差距。韩愈是将"性""情"混同着讲的，认为二者都对人道德的养成有正面的作用。但李翱却将两者分开了，认为只有"性"才是有价值的，"情"中间包含着很多会引人上歧途的欲望，需要严格区分开来。

就文学主张而言，李翱也大体遵循韩愈的理论，包括：提倡古文，反对骈文；提倡文以载道，反对虚言浮夸；提倡文章应有创意，反对因循守旧；等等。

当然，在具体细节上二人也有分歧。比如，对于传道和创意之间应该如何调和？韩愈虽也重创意，但对儒家经典"六经"却不敢提任何意见，认为"六经"是经过圣人之手创作的，其文字本身带有"道"的成分，怎么敢妄加改动呢？但李翱认为，不能改动的是"六经"所反映出来的儒家精神，至于具体的文字，即使是圣人传下来的也不见得就不能改动，这叫"从道不从众"。而创意在文字上究竟要达到何种程度呢？韩愈认为应该"唯陈言之务去"，别人使用过的词语句法，尽量不要用，要出奇出新，甚至主张使用"奇怪之辞"。李翱则相对平和一些，他虽也主张写作要有创新，但并不刻意追求奇辞怪说，认为只要能文意畅达和顺即可。这方面，韩愈另一个高足皇甫湜与韩愈更接近一些，所以韩愈在文学上也更欣赏皇甫湜一些。

从具体的写作形式上看，韩愈不重视写历史文章，他认为只有时政论文才是最有意义的。而李翱则很重视写历史，他做官期间，向皇帝上书要求参与写史，多次兼任史馆职务。他还曾利用闲暇时间写成一部《唐书》。他认为写好的史书正是劝善惩恶、记述功德、教化天下的好方法，绝不是无用之事。而对于唐朝最流行的文学形式——诗歌，二人的态度也不同。韩愈非常重视写诗，一生留下不少有名的诗歌著作，他认为诗歌可以抒发情感、表达意志，非常有意义。但李翱却不甚重视写诗，他认为诗歌中掺杂了太多情感，有妨碍真正的心性运发的负面作用。

二、知遇之交

一个人一生的发展少不了身边老师、朋友的帮助，而其中影响最大的应该就是属于"知遇之交"类型的老师、朋友。"知遇之交"，也就是对一个人有提携推荐帮助的人，因此我们经常把这种提携推荐的帮助称为"知遇之恩"。

李翱一生中遇到的这类朋友也不少，主要有以下六位。

梁肃：人生最早的引路人

梁肃比李翱大二十岁，是中唐时期著名的散文家。他的文章文风古朴、文辞清丽，在当时堪称一绝。他的文风对后来的散文大家韩愈、柳宗元都产生了巨大影响，在文学史上一般被视为"古文运动"的先驱之一。他以文辞优异、学问渊博著称于官场，先后担任过太子侍读、翰林学士等重要职务，在官场的影响力也不小。除了文学才能之外，梁肃还有一个广受赞誉的特点就是爱才惜才。他特别热心与年轻后辈们交往，也非常热衷于推荐提拔优秀人才。由于梁肃自己早年在"安史之乱"

的环境下长大，饱受困窘之苦，所以他尤其对从平凡人家走出来的子弟青睐有加。唐德宗贞元八年（792），梁肃以副考官身份协助陆贽主持了当年的进士考试，推举出了一个世人瞩目的进士榜单。这个榜单发榜后，人们发现中榜的人几乎包括了当时大家所瞩目的大多数才学优异之人，就把这个榜单称为"龙虎榜"，获有唐一代首屈一指的赞誉。后来证明，这一榜上的人物的确名副其实，除了大名鼎鼎的韩愈外，还有著名文学家欧阳詹、宰相崔群等。梁肃爱才惜才的特点由此可见一斑。

李翱与梁肃的交往始于贞元九年，也就是"龙虎榜"后的第二年。当年是李翱第一次参加进士考试，正是听说了前一年"龙虎榜"事迹后，他便带着文章去慕名造访梁肃。不过，当李翱到梁肃家门口一看，顿时傻眼了。原来，当时的梁肃已经誉满天下，你李翱想到来拜访，别人怎么可能不知道呢？只见每天到梁肃府上去投送文章的人络绎不绝，门庭若市，简直比集贸市场还热闹。在这种情况下，李翱只能硬着头皮把自己的文章呈递上去了，心中也没抱多大希望，毕竟竞争者太多了。

不过，没想到梁肃看过李翱的文章后，非常有兴趣，立即亲自接见了他。他亲口称赞李翱的文章有古人之遗风，认为李翱必将名垂后世，并"许翱以拂拭吹嘘"，答应会为他推荐宣传。此时才二十二岁的李翱，得到文坛名宿如此的夸奖，当然十分激动，简直受宠若惊。不过很遗憾，过了两月，梁肃突发急病去世了。李翱也只能无奈地离开京城，认为相识两月梁肃就去世，估计对自己不可能有多大帮助吧。但事情后来的发展才让李翱知道自己错了。到他后来中进士、做官之后，才发现有许多他不认识的官场名宿居然都知道他，也知道他的文章。他疑惑之下一问才知道，原来梁肃就在这短短两个月时间中对李翱进行了不遗余力的推荐鼓吹，使得京城官场、文坛都对李翱的名声才学有了不少的了解。而李翱之所以在考进士道路上以及官场上开头就走得比较顺，与此也有很大关系。显然，官场对梁肃的眼光还是很在意的。

知道这些情况后，李翱倍加感动，情不能已，挥笔写下了一篇《感知己赋》，深切表达对梁肃、对这位相识虽短却真能相知的前辈的怀念。

文中写道，与梁肃交往时间不长，但梁肃所作所为让李翱感动，也让李翱明白什么叫"知己难得"了。梁肃对人的真诚是真正的君子交友，既能知人，又能誉人，又能深切地关怀人，而且还能将这个情感长久地持续下去。

不幸梁君短命遽殁，是以翱未能有成也，其谁能相继梁君之志而成之欤？已焉哉！天之遽丧梁君也，是使翱之命久厄穷也。

李翱说，不幸的是梁肃英年早逝，使得我未能继承学习梁肃的优秀品质而有成就。这简直是天要专门如此做，使我命里注定要长时间处于穷困中啊。李翱写这篇赋的原因正是为了抒发这种忧愤感伤之情。

杨于陵：仕途荫护者

杨于陵也比李翱大二十岁，是中唐时期重要的朝臣之一。他少有才学，十八岁中进士，从主簿做起，历任吏部郎中、京兆尹、御史大夫等要职，最后达到副宰相的地位，以光禄大夫、尚书仆射职位退休（唐朝官员年龄到七十岁都要退休），可以说功业显耀。

杨于陵为官正直，所任官的地方都能留下众多百姓的赞誉。贞元八年冬，杨于陵担任浙东道团练观察使，相当于浙东警备司令。当时浙东发生饥荒，老百姓到了"人相食"的地步。杨于陵不顾自己位卑，立即向朝廷奏请赈灾粮食三十万斛，又向其他地方借来一部分粮食，终于使浙东百姓渡过了难关。贞元年间任京兆尹时，他重点治理豪门大户子弟及其家人的违法犯纪行为，此举使得"奸人无所影赖，京师豪右大震"。元和年间，他担任吏部"博学宏词科"主考官，力排众议，将寒门出身、敢于批评权贵的牛僧孺、李宗闵等人尽皆录取，在朝廷中掀起轩然大波，并激怒了宰相李吉甫而遭受贬谪。在被贬谪到岭南任节度使期间，他取消前任徐申为节度使专门设定的三十万俸禄，进行惠民工程建设，后被百姓誉为"传道之节度使"。

就杨于陵出身而言，他是名相韩滉的乘龙快婿，也算世家大族的成员，但杨于陵个人秉性却更青睐于结交平民子弟。这也是他能与李翱结识并长时间在官场上荫护李翱的原因所在。

杨于陵与李翱相识是在贞元九年，李翱第一次赴京考进士期间。当时，杨于陵担任吏部郎中，而李翱才是个二十多岁、从河南初到京城的毛头小子，二人的社会层次差得太远，一般情况下根本不可能结识，机缘在于梁肃的介绍。梁肃赏识李翱的文章，不仅在京城权贵中大力推荐，也找机会介绍李翱认识了一些意气相投的官场文坛中人。杨于陵正是其中之一，不过由于当时时间很短，加上梁肃很快去世，李翱离开京城，二人的交往刚开始就告一段落了。

二人的再一次交往已经是九年以后，李翱第四次应考"博学宏词科"前夕。李翱前三次均未考中，这一次他想到了杨于陵。他记得几年前相识时，杨于陵对他的文章为人都是比较赞赏的，此时杨已经担任京兆尹要职，若他肯帮忙，此次考试应有希望。不过，李翱不清楚杨于陵是否还记得自己，于是给杨于陵写了一封信，信中先回顾了过去的交往，后委婉提出希望："若翱者，穷贱朴讷无所取，然既为阁下之所知，敢不以古君子之道有望于阁下哉。"意思是说，我李翱出身穷贱，又木讷不善结交人，既然承蒙杨公您曾经看得起，还希望能帮我一把。杨于陵见信后十分高兴，他为李翱做了很多推荐工作，最终李翱得以通过考试，步入仕途。随后，李翱在官场中获得了一路升迁，也都和杨于陵的帮助关系很大。

李翱因此对杨于陵一直很感激。所以，当 808 年杨于陵被贬谪到岭南做节度使时，李翱不顾妻子怀着身孕，万里迢迢去岭南做杨于陵的秘书长。在岭南期间，二人关系进一步加深。李翱在《祭杨仆射文》中这样描述岭南的岁月：

> 公以直道，于南出藩。谬管记室，日陪讨论。旧政多秕，如丝之棼。与贤共谋，秽涤榛燔。

意思是说，杨于陵是因为正直而被贬谪到岭南，李翱不才，做了杨公的秘书长。杨公对治理岭南很有兴趣，于是李翱就全心辅佐，二人整日讨论，研究治理方案。当时的岭南，制度陈旧，政治经济局面紊乱，就像一团找不到头绪的乱麻。但是在二人以及其他贤达的共同努力下，终于将污秽的东西清洗，而干出了一番功业。二人的确志同道合，堪称忘年之交。

岭南艰苦但美好的时光以宦官马遂振的诬告而结束，其后二人分别，杨于陵在京城又经历了几次沉浮，但不管是在什么情况下，只要杨于陵有机会，还是尽可能对李翱进行关照。李翱中年时期在中央机构中几进几出，其中每一次获得的从地方返回京城的机会，都和杨于陵有直接或间接的关系。长庆三年（823），任尚书仆射的杨于陵帮了李翱最后一次，将他从贬谪的舒州刺史任上调回了京城任礼部郎中，随后杨于陵就退休了。

杨于陵退休后，李翱继续在官场奋斗，由于个性刚直，又经历了好几次沉浮。不过，工作繁忙之余，李翱没有忘记住在京城的老上司，经常趁休假期间去看望杨于陵。二人一起回顾过往，品评时政，也算是一种心灵上的放松。

太和四年（830），杨于陵在家中逝世，而此时李翱正经历人生中最后一次贬谪，尚在郑州任刺史，没能送他最后一程。消息传来，李翱悲痛莫名，当即写下一篇言辞悲怆的《祭杨仆射文》表达哀思。一年后，杨家为杨于陵立碑，李翱又应邀写下了墓志铭。文中将杨于陵一生的经历尤其是立下的功业进行了细致记录，并进行高度评价。相比之下，这篇文章比史书上对杨于陵的记载要详尽得多，也算是另一种帮助他青史留名的方式吧。

张建封、李元素与卢坦

李翱经梁肃引荐、杨于陵帮助，一路入官场闯荡，中间经历颇多曲折。而这中间与之交往，对他有帮助提携的人甚多，从"黄卷故事"中回护他的河南府尹韦夏卿开始算起，还有继任河南府尹王绍、宣歙道观察使卢坦、浙东道观察使李逊、淮南节度使李夷简、被他骂过的宰相裴度和宰相韦处厚。他进入仕途之前曾帮助过他的还有徐泗濠节度使张建封和义成军节度使李元素，应该说李翱人缘甚厚。当然，大家虽然都帮助过李翱，但大家和他的交往并不都是同一个层次的，还是有个深浅的差别。考虑到这个差别，张建封、李元素和卢坦三个人可以大略介绍一番，他们对于李翱的重要性弱于梁肃、杨于陵，但比其他人相对重要一些。

张建封比李翱大三十七岁，属于绝对的前辈了。他是中唐时期的传奇人物，年少时曾追随名将李光弼征战。一次在常州剿匪时，他孤身一人前往匪穴，说服匪盗数千人，一时威名远播。德宗贞元六年他因抵抗李希烈叛军立功，被任命为徐泗濠节度使。他虽是以军事功业任官，但文学才能亦优良，非常喜欢结交天下文学之士。在任徐泗濠节度使期间，他邀请很多读书人到帐下做幕僚。在他帐下，读书人可享受优厚的待遇和极宽松的参政权力，一时传为美谈。李翱就是在这个时候来到张建封帐下的。在这里，李翱获得了极其宝贵的一个交友平台：韩愈是在这时候认识并熟悉的，孟郊、张籍、李景俭等也都是在这一时期熟识起来的。张建封对李翱也非常赏识，不仅采纳了李翱许多意见，而且贞元十四年，李翱第五次参加进士考试时，张建封给予了提携，最终帮助李翱考中了进士。不过，由于两人年龄相差太大，没能进一步交往，在李翱考中进士的第二年，张建封就去世了。

李元素也是中唐时期重臣，历任各地节度使，后官至户部尚书。德宗贞元十七年，李翱第二次参加"博学宏词科"考试失败后，到李元素帐下做幕僚，当时李元素任义成军节度使。在李元素这里做幕僚一年多，宾主相处甚欢。之后，李翱通过了"博学宏词科"考试，这其中也有李元素的推荐之功劳。李翱对李元素也一直很感激，在李元素死后曾为他鸣不平。按照唐朝惯例，官员死后都要给一个追赠称号，表彰官员一生的业绩功德。不过李元素死后却没有任何追赠，原因就在于当时朝廷认为李元素个人品德有缺陷，根据就是他"出妻无状"，也就是无正当理由抛弃妻子。当时官方给出的定论是说李元素在任义成军节度使时曾纳了很多小妾来满足自己的情欲，因这个原因抛弃妻子，所以官方认为他品德有缺陷。李翱知道后，立即写了《论故度支李尚书事状》来为李元素辩诬。李翱以自己的亲身经历证明，李元素在节度使任上只纳过一个小妾陶芳，且后来因为陶芳违反节度使府规定而把她送还娘家了。因此，李翱认为，李元素与妻子离婚可能有其他原因，这不是外人该打听的，但起码不是因为纳妾的原因，若以此不给李元素一个公正评价，实在是太冤枉了。从中可见李翱的个人性格以及他与李元素的交情之深。

卢坦是李翱早年旧交，曾一起在李元素帐下做幕僚。卢坦仕途比李翱顺利，之后对李翱多有照顾。元和五年，李翱因宦官马遂振的诬告被迫从岭南辞职，在郁闷中北归。卢坦当时已经担任宣歙道观察使，闻听李翱情况后，立即施以援手，召李翱到自己幕下任判官。卢坦后来升官调入京城后，又将李翱推荐给了浙东道观察使李逊，保住了李翱的饭碗。在浙东幕下，李翱还曾遭遇过危机，马遂振一党向朝廷诬告，欲将李翱置于绝境之中。卢坦知道后，极力为李翱辩诬，再一次保住了他。李翱对此非常感激，声称"宦途有阻，困不能通。公陈仁前，出自垂相；保明无过，昭灼有状。事遂解释，奏方成官，非公之力，其退于田"，意思是说，要不是因卢坦的帮助，可能当时就被开除公职退归田里了。

当李翱因病辞去浙东幕僚职务在家"卧病饮贫"之际，卢坦又一次向李翱施与援手，邀李翱随他赴任剑南节度使。李翱欣然前往，不过，当他刚走到陕西时，卢坦卒于任上。噩耗传来，李翱悲不能禁，当即写下《祭故东川卢大夫文》，表达对挚友的哀思。文中说，"闻公之丧，失声泣哭，若火煎肠"，可见二人之间感情是相当深厚的。

三、学问之交

李翱相识的师友中第三类我们称为"学问之交"。顾名思义，这一类师友可能对他仕途进步帮助不大，但在学问上却是李翱的同道中人。正是通过与他们的交往，李翱的文学、思想等水平才不断提高，终成一代大家。

陆伥："性命之道"的鼓励者

陆伥比李翱大二十六岁，中唐时期著名儒学家。他出生于吴郡，属于当时处于文化边缘的江南地区，能靠自己的为学成长为名士宿儒，非常不容易。陆伥一生在仕途上不算很显耀，大部分时间在各节度使幕中做幕僚，晚年才入京担任过礼部下属的祠部员外郎，后又担任歙州刺史，卒于任上。

李翱与陆伥相识在贞元十五年。当时，李翱第二次参加"博学宏词科"考试失败，应好友孟郊之约南下游历。本来他们的主要意图是去观看著名的钱塘江潮，舒缓一下心情，顺便看能不能认识什么地方大员，能在仕途上谋得些机会。不过，他们途经苏州时，听说当地名儒陆伥正在家中赋闲。二人当即决定改变行程，去拜访陆傪。一见之下不得了，孟郊还没什么，李翱则是找到了真正的知己。

这段经历，李翱终生难忘，在他的名著《复性书》中曾这样记载：

> 吾自六岁读书，但为词句之学。志于道者四年矣，与人言之，未尝有是我者也……而吴郡陆傪存焉，与之言之。陆傪曰："子之言，尼父之心也，东方如有圣人焉，不出乎此也；南方如有圣人焉，亦不出乎此也，惟子行之不息而已矣。"

意思是说，李翱从小上学时和当时读书人一样，以"词句之学"为学习内容。"词句之学"也就是汉朝以来儒学内部所流行的训诂音韵之学，重视对儒家经典的注释，重视考证字词句的原义、发展和流变，也称为"汉学"。李翱长大后，却对这样的学问愈发不满，他认为这样学习完全不能领略传承儒家先圣遗留下来的精神主旨。所以他自己另开一道，将"性命"之学作为儒学的主旨，也就是不仅仅纠结于儒家经典表面的文章词句，而是更关注儒家经典含义背后所体现出来的孔孟之"道"——"性命"之道。李翱自认为自己这套理论很正确，但是当他和周围的人去谈论时，却没有人赞同他。这也一直成为李翱内心很大的一个矛盾。他不知道自己的看法是不是对的，也不知道自己还有没有继续坚持下去的必要，直到遇到了陆傪。当李翱惴惴不安地把这些想法说给陆傪听后，陆傪大加赞赏，认为李翱这种理论完全和孔老夫子的志向是一样的，并进一步夸赞道，若东方、南方有圣人的话，其思想也不超出李翱思考的范围，现在虽然认可的人不多，只要李翱坚持不懈地走下去，一定有成功的一天。这个评价对李翱而言，可以说受宠若惊，没想到前辈大儒能如此看得起自己，因此更坚定了李翱完成儒家"性命"之学的志向。

道之极于剥也必复，吾岂复之时耶？

这一句意思是说，按照《易经》"剥极必复"的道理，既然儒家"性命"之学自汉朝开始已经淹没了数百年，现在岂不正是它重新鼎盛的时刻？而我李翱不正处在这样一个关键的历史时刻吗？这更是将自己的志向与整个儒学发展的历史与前途紧密联系起来了。正是在陆傪的大力鼓励下，李翱进一步思考与发挥自己的思想，创作出了生平最重要的著作——《复性书》。

因为这样的原因，李翱对陆傪的评价也非常高。陆傪去世后，他专门撰写《陆歙州述》交给史馆保存，为陆傪留名于后世。在文中，他以膏雨润物比喻贤人对天下苍生的化育：得到权位的贤人即能造福苍生，如傅说、伊尹、管仲这些历史上的贤臣一样，就等于是膏雨下在了田地中润泽了禾苗；未得到权位贤人则不能造福苍生，如颜子、子思、孟子、董仲舒这些思想家一样，就等于是膏雨下在了山野间浪费了。但贤人究竟能不能得到权位则全赖"时运"的安排，人力无法左右。陆傪正是属于后者，生不逢时，未能施展才华，润泽百姓，实为国家之失，历史之憾。文章不仅将陆傪的位置列得极高，而且也委婉批评了当时的执政者不能识人用人之失。

皇甫湜：同为韩门高足的文坛怪杰

皇甫湜比李翱小五岁，出身名门望族，是宪宗朝翰林学士王涯之甥。皇甫湜个性天生孤傲狷急，为文、为人皆崇怪尚奇，以放纵不羁著称。

一次，皇甫湜被蜜蜂螫了手指，他非常愤怒，当即出高价让家中仆夫及邻里的小孩一起动手将蜜蜂全捉住，用锤头砸烂捣碎，再将它们的汁液用布绞取出来写字，以解蜜蜂螫手之恨。还有一次，皇甫湜让他儿子皇甫松抄写诗句，抄完后他发现有个字写错了，当场便暴跳如雷，大骂不止。来不及用木棍打，他干脆就用牙齿将他儿子的手腕咬得鲜血直流。在裴度帐下做幕僚时，一次裴度准备请白居易写篇文章。皇甫湜知道后，当场发怒，指责裴度说："我皇甫湜就在你身旁，你却写信请在远处的白居易给你写文章。我的文章是阳春白雪，白居易的文章只算下里巴人。你不懂高雅吗?"裴度是宰相度量，当场道歉，并请皇甫湜写这篇文章。皇甫湜毫不客气地向裴度要了一斗酒，喝掉半斗后，一气呵成把文章写就。他为人的惊世骇俗可见一斑。

由于性格原因，皇甫湜仕途几乎没有什么成就。他才学较高，三十岁就考中进士，但在元和三年（808）参加吏部考试时碰上了杨于陵主持的那场著名的"元和科场案"，虽然所写的文章被主考杨于陵看中，选为上等。但是后因主考杨于陵被贬谪，一干取得好成绩的进士全都没有受到重用，皇甫湜只任了个陆浑县县尉，是个正九品的官衔，终其一生，也只担任了五品衔的工部郎中，其他时候都基本在各地做幕僚。太和九年（835），发生了历史上著名的"甘露事件"，唐文宗和大臣李训、郑注策划的诛杀宦官仇士良的计划失败，遭到宦官集团的疯狂报复。他们软禁唐文宗，杀害李训、郑注以下大臣和知识分子一千多人，皇甫湜死于这次屠杀。

李翱与皇甫湜相识于韩愈门下，时间在元和二年。皇甫湜参加吏部考试前夕到洛阳拜见韩愈，韩愈于此时向李翱介绍皇甫湜，两人自此相识并开始交往。

整体上看，二人性格有差异，但共有刚直的特点，也算趣味相投。二人才学不相上下，后人认为韩愈门下弟子中二人地位最高，后人提及韩门"高足"，多习惯二人并称。

二人在学问上、日常生活上交往均较密切，在志向、学问观点上有不少共同点。李翱于元和年间写给皇甫湜的信中谈道："览所寄文章，词高理直，欢悦无量，有足发予者。"明确表示看到皇甫湜文章后很佩服，对自己启发很大。在书写史书上的观点和采用的笔法方面，二人的观点极为相同。李翱强调写史理应劝善惩恶，正言直笔，"故欲笔削国史，成不刊之书，用仲尼褒贬之心"，要写就要能以孔夫子推崇仁义，贬斥奸邪的志向，把史书写成千古绝唱。皇甫湜对此表示同意，他也说："夫是非与圣人同辨，善恶得天下之中，不虚美，不隐恶。则为纪为传，为编年，是皆良史矣。"是非善恶要和孔夫子一类的圣人的思想相同，不随便夸大某人好的一面，也不隐藏某人邪恶的一面，这才是优秀的历史书。他们二人都是针对当时写历史的人所流行的虚夸溢美习俗提出的批评，二人一致认为，历史是记录历史真相的，传播道德精神的，理所当然要实事求是地记载。

二人文风也有一定的差别。一般认为，韩愈文章谨严而奇峭，也就是说主题严肃、逻辑严密，但是文辞新颖、创意迭出。而这两位得意门生分别继承了他的这两个特点。李翱文章继承了韩愈文章主题严肃、逻辑严密的特点，皇甫湜文章继承了韩愈文章文辞新颖、创意迭出的特点。二人共同将韩愈文学发扬光大了。

就后世评价而言，肯定李翱的地位高于皇甫湜。但韩愈本人可能更欣赏皇甫湜。按当时的习惯，墓志铭和神道碑对人来说更重要，都希望由自己最信任或最欣赏的人来为自己撰写。照常理，李翱的年龄、入门时间、成就和名望都要高于皇甫湜，他是当之无愧的大师兄，韩愈应该选他来写墓志铭和神道碑。但韩愈逝世前安排后事时，却嘱咐自己的墓志铭和神道碑一定要由皇甫湜撰写，李翱只负责写生平的行状。这个安排显然体现了两人在韩愈心中的地位。李翱得知这个安排后当然略有些怅惘，但他也非常理解韩愈，毕竟皇甫湜的性格、文风与韩愈更相似。

独孤兄弟：重要的文学道友

独孤朗与独孤郁是兄弟俩，二人同是中唐时期文坛著名代表人物。二人俱为文坛前辈大家独孤及的儿子，独孤朗是长子，独孤郁是次子。二人与李翱年龄相仿，中进士时间也相近，独孤郁还是李翱的同榜进士，所以这兄弟俩与李翱的交往比较密切。由于在文学创作上志同道合，兄弟俩都是影响李翱文学创作的重要人物。

独孤兄弟都在洛阳长大，和李翱也是大同乡。由于独孤及的名望和独孤世家的声望，使得李翱早年在家乡游学时就已经对这父子三人有所耳闻。后来，在京城参加进士考试时，李翱便与这兄弟俩结识并熟悉起来了。

兄长独孤朗比李翱小一岁，比李翱中进士早一年，任官经历和李翱很相似，也是先在京城任小官，后又到地方幕府中做幕僚。二人于贞元年间在京城相识后曾分开过一段时间。当时独孤朗遭到贬谪，南下苏州去奉养年老的伯父母，而李翱则在河南道境内逗留，直到唐宪宗元和年间，二人才重新见面。这一次是在李翱另一位好朋友宣歙道观察使卢坦帐下。当时李翱由岭南罢幕，到卢坦处做幕僚，恰好独孤朗也于此时来到这里。当时两人已经有十年未曾谋面，但再见面没有丝毫陌生感。后来，因卢坦调走，李翱转任浙东道观察使帐下幕僚，独孤朗也随他前去。在这几年幕僚生涯里，二人意气相投，相处十分融洽，有什么事情，常常是李翱先打头阵，独孤朗随后跟上。两人就像春秋时期晋国著名大臣叔向和他的好友汝齐一样，可以互相向对方托孤。再后来，独孤朗比李翱先获得朝廷的调令，回京任右拾遗，但独孤朗却向朝廷上奏请求让李翱代他上任。虽说朝廷当然不可能允许，但这一举动其中所包含的这份情感确实弥足珍贵，也让李翱一生感动。之后两人的任官轨迹都频繁变动，都是几进几出京城，但相互之间的联系却一直不断。唐文宗太和元年（827）八月，独孤朗以工部侍郎身份出任福州都团练观察使，由于不习惯南方气候，得暴病卒于赴任的路上。闻听消息，李翱悲痛欲绝，当即写下《祭故福建独孤中丞文》，表达哀思，后又为独孤朗撰写墓志铭，表彰独孤朗一生功业，怀念友谊。

弟弟独孤郁比李翱小五岁，他是李翱的同榜进士，算是正儿八经的同窗。由于独孤郁中进士后即被宰相权德舆看中招为女婿，所以他的仕途发展比较顺利，也基本上都在中央任职，曾做过翰林学士，为皇帝起草过诏书，前程显然比同龄人要好得多。但独孤郁身体不好，唐宪宗元和九年（814），独孤郁在家中去世，年仅三十八岁。由于这些原因，李翱和他关系虽好，但交往反而不是太多，两人主要是在文学创作上有较多共同语言。

李翱认为写文章最大的问题是主题要严肃，应以宣扬教化为目的，也就是说要以宣扬尧、舜、禹、汤、文、武、周公、孔、孟之道为文章重要的甚至是唯一的目的。这和独孤郁的看法完全相同。二人经过交流后达成共识，认为文章之主题甚至关乎天地变化、草木荣枯，因天文、地文和人文三者本质上一致，人文的彰显就要靠文章主题来体现，就要靠对孔孟教化之道的宣扬来体现，如果这一点做不到，那天地草木的变化也都会出现异常状况。对当时那些浮躁虚华的文风，两人进行了相类似的批评，都认为那些是"纤靡无根"的文章，是把"文"和"艺"混为一谈所带来的恶果。如果写文章与"艺"相联系，那文章就完全丧失了独立性，丧失了"久立乎天地之间"的可能性。从二人在文学上的交流可以想象，如果独孤郁不是英年早逝的话，二人一定会在文学创作方面有更多交流与成果出现。这也是李翱感到很遗憾的地方。

孟郊与侯高

孟郊是唐代著名诗人，擅长五言古诗。他和贾岛都以"苦吟"著称，诗中多有反映当时社会下层人民生活惨淡的凄寒寥苦之语，故后人把他与贾岛合称为"郊寒岛瘦"。

李翱与孟郊的相识，主要是由于韩愈的引见。孟郊出生于湖州武康（今浙江德清），为文虽有才，但不擅长科举考试，屡考不中，直到贞元十二年四十六岁时才考中进士。考中进士后的第二年，他到汴州节度使董晋帐下谋求幕僚职位，自此认识同在此处为官的韩愈。两人一见之下，韩愈对这位比自己年长二十岁的老大哥非常欣赏，随后韩愈介绍孟郊与李翱相识。三人认识后的这段时间是李翱早年学问增进非常重要的一段时期。三人再加上韩愈从汴州选拔的年轻人张籍一起，整日切磋学问，研习文章，对彼此都帮助很大。

李翱平生不擅写诗，也无兴趣写诗，但在孟郊的鼓励下，曾参与过三人联句。整首《远游联句》长达四十句，其中李翱只写了"取之诅灼灼，此去信悠悠"一句，虽说和韩、孟二人相比显得比较寒酸，但考虑到李翱不怎么写诗，能够参与联句就很不错了，这也说明他的确被孟郊的才华所吸引，忍不住参加了这次自己不擅长的活动。在汴州待了一段时间，孟郊一直未得重用，李翱便为他专门给徐泗濠节度使张建封写了一封推荐信，极力推荐孟郊。尽管言辞十分恳切，但当时张建封已经染病，逐渐淡出了官场，此事最终并未成行。贞元十四年，孟郊决定离开此地另寻出路，临行前写了一首诗与李翱三人话别：

> 朱弦奏离别，华灯少光辉。
> 物色岂知异，人心顾将违。
> 客程殊未已，岁华忽然微。
> 秋桐故叶下，寒露新雁飞。
> 远游起重恨，送人念先归。
> 夜集类饥乌，晨光失相依。
> 马迹绕川水，雁书还闽闽。
> 常恐亲朋阻，独行知虑非。

这首充满凄寒的离别诗表露出孟郊非常复杂的伤感：一方

面不舍得离开朋友，另一方面又想重新寻找前途，但是对将来的发展却又感到有些不知所措的彷徨。此诗体现了孟郊的诗歌才华，也体现了他对李翱等人的友谊之深。孟郊离汴后并未找到什么好出路，便暂时回家乡湖州休养。贞元十五年，李翱应吏部试未果，南下游历散心，孟郊便邀李翱来江苏。二人一同在江浙一带游历，还拜访了江南名儒陆修，对李翱帮助很大。

此后，孟郊于贞元十七年通过吏部考试，辗转河南各地短暂担任过几任县尉之职，终究不能适应官场而无起色。贞元末年到元和初年，李翱在洛阳连续任司录参军、国子博士，孟郊恰于此时来到洛阳，二人在此期间有一段很愉快的相聚时光。元和四年，李翱离京赴岭南任幕僚前，曾来到洛阳和韩愈、孟郊作别，但此时孟郊正在丁母忧期间，只是和李翱短暂相聚了一下，此后二人就再没见面。唐宪宗元和九年（814），孟郊染病去世，李翱此时尚在浙东做幕僚，只能遥寄老友亡灵，聊表哀思。

侯高是李翱于贞元十五年在苏州南游时碰到的一位奇人。侯高年轻时曾当过道士，在庐山修炼道家养气保生之术，后居家江南，不再单纯修道，同时兼学政作文，与孟郊有交往。侯高性格很奇特，常以姜太公自比，不过连续多次应考进士都未考中，后发怒将复习的书籍全部扔进了江水。他养了一个女儿，才貌双全，却不肯轻易嫁人。他说："我自己一生穷困，这个宝贝女儿一定要嫁个官宦人家。"同村有个姓王的书生看上了他女儿，但苦于自己不是官宦人家，也没能考中进士，不敢去提亲。思来想去，他找到媒婆骗她说，自己已经考中明经科，马上就要被任命为官员了，如果媒婆能帮他把侯高的女儿娶到手，他送百金为谢。媒人就去提亲，刚开口，侯高就把手一伸，说："真是考中明经科的人吗？把文书拿来我看一下！"这书生一听，就想说实话。媒婆有心计，私下里对书生讲："你先别急，你随便弄一个文书过来，我装在袖子里给那老头看一个角，他肯定就信了。"书生就这样做了，计策果然成功，侯高就把女儿嫁给了王生。

李翱南下江南时，孟郊将两人介绍认识。刚见面，侯高就拿出他的作品《吊注州文》请李翱指点。李翱看后非常赞赏，认为侯高的文章有汉魏之风，与屈原、宋玉不相上下，汉朝东方朔、严忌都赶不上。

元和五年以后，李翱到浙东做幕僚，再一次与侯高相聚，常与侯高谈道论文。李翱当时正由于性格刚正、敢于直言而不被上司重视，侯高有感而发，劝李翱稍微屈就世俗，以便能得到上司任用，侯高认为这也算是"适时以行道"。李翱听后不悦，当即给予严词回答，认为侯高所说之"道"与自己所说的"道"含义不一样。李翱指出，侯高之道是一种生活之道，讲求与时沉浮，以保证个人生存为原则。而李翱的道是圣人之道，不是可以随时变化的道，即使自己目前生活处于困境，也不能因此改道易行，此道所具有的真理性使其必然会有重见光明的一天。"若与足下混然同辞，是宫商之一其声音也，道何由而明哉？"反之，把孔孟之道和侯高所说的生活之道混同，那就等于把音乐中的宫声和商声混同，真正的道怎么能得到光明呢？侯高也有较真的性格，再次写信给李翱。随后李翱继续解释，再次明确表示自己之道乃孔子之道，应重点关注自己言行的贤与不贤，而不是把自己生活的富贵贫贱放在首位。至于富贵究竟应怎么得来呢？李翱认为那中间有"命"的因素，这是人为不可控的。所以李翱之道不以是否合于世俗、是否能带来富贵为标准，行道之人即使在现实中遭遇困境也不会改变。借与侯高辩论的机会，李翱对自己的志向做了一次全面的阐释，也更坚定了自己的信心。

不过，道虽不同，李翱对侯高之才学还是很赞赏的。侯高死后，李翱为他作了一篇墓志铭，对侯高为人为学多有赞叹，但同时对其遭际也表示了深切同情。

第4章

一代文杰

发生在中国唐宋时期的古文运动是中国文学史上一次重大的革新运动。

虽说自唐初以来一直有文学家致力于这项运动，但这项运动严格的开辟者是韩愈。韩愈最先提出"古文"概念，他把魏晋南北朝以来讲求声律及辞藻、排偶的骈文视为俗下文字，认为自己的散文继承了先秦两汉文章的传统，所以称之为"古文"。

韩愈提倡古文，目的在于恢复古代的儒学道统，将改革文风与复兴儒学变为相辅相成的运动。韩愈发起的这项运动和主张得到了当时大批文人的支持，最著名的当属柳宗元，二人也一并成为"唐宋八大家"的代表人物，而柳宗元之下，就首推韩愈的弟子李翱了。

李翱的文章深得韩愈古文写作精髓又有自己的发展，自成一体。他在唐代文坛乃至中国文坛的地位一直不低，历代大家对他都多有推崇，只是到了明代朱右选编前代文集时评出"八大家"才将李翱地位排低了。而在清朝编撰的《四库全书》中储欣即明确将"八大家"增为"十大家"，李翱赫然名列其中。应该说，这是一个较公允的评价。

一、古文创作理论

作为一代文杰，李翱不仅创作了许多优秀的古文，而且对古文创作进行了理论研究，为当时以及后世古文创作提供了一定的理论指导。

文以载道

"文以载道"是韩愈提出的最主要的古文创作原则，即要求写文章最首要和最主要的问题是要确立符合孔孟之道的主旨，文章最大的意义应该是能宣扬儒家仁义道德的思想，起到教化天下的作用。李翱继承韩愈的主张，并进一步进行论证和阐发。

首先，李翱对写文章所应宣扬的"道"进行了详细阐发。他指出此道即是来自古圣人之道，古圣人就是我们所熟知的古代帝王尧、舜、禹、商汤、周文王、周武王以及儒家创始人孔子：

> 吾之道非一家之道，是古圣人所由之道也……则尧、舜、禹、汤、文、武、孔子之道未绝于世也。

古代圣人之道，后世如何得知呢？主要就是通过对古圣人留下的儒家经典"六经"来把握。因此，"六经"地位极高：

> 列天地，立君臣，亲父子，别夫妇，明长幼，浃朋友，六经之旨也。

由此，李翱指出，写文章就应该将古圣人之道进行很好的阐发，否则整个世界都可能会乱套。

> 日月星辰经乎天，天之文也。山川草木罗乎地，地之文也。志气言语发乎人，人之文也。志气不能塞天地，言语不能根教化，是人之文纰缪也。山崩川

涸，草木枯死，是地之文裂绝也。日月晕蚀，星辰错
行，是天之文乖戾也。天文乖戾，无久覆乎上；地文
裂绝，无久载乎下；人文纰缪，无久立乎天地之间。
故文不可以不慎也。

在上文中，李翱将写文章界定为"人文"，并认定"人文"
与"天文""地文"并列于世间，共同维护人类的和谐生存发
展，三者都不可错乱。日月星辰如果运行失去规律，就是天文
错乱了，山崩地裂、草木枯死，就是地文错乱了，相应地，写
文章不阐发古圣人之道，就是人文错乱了。这会给人类社会带
来灭顶之灾，不可不慎重考虑。

这个理论成不成立呢？李翱用现实证明，这是成立的。

近代已来，俗尚文字，为学者以抄集为科第之
资，曷尝知"不迁怒，不贰过"为兴学之根乎？入仕
者以容和为贵富之路，易尝以仁义博施之为本乎？由
是经之旨弃而不求，圣人之心外而不讲……仁义教育
之风于是乎扫地而尽矣。生人困穷，不亦宜乎？州郡
之乱，又何怪焉？

李翱指出，中唐时期以来，世俗崇尚浮华的文字，考生们
便都靠抄袭来考进士，哪里还知道孔子"不迁怒，不贰过"的
儒家之道才是学问的根呢？进入仕途的人都把做官作为获得富
贵的道路，哪里还晓得"仁义博施"为做人之本？由此，"六
经"所反映的精神主旨都被抛弃，圣人之道被当作身外之物而
不讲了……那么，出现百姓生活疾苦、藩镇叛乱这样的事情，
又有什么奇怪的呢？

其次，李翱认为"道"不仅是人写文章应遵循的主旨，甚
至应是文章真正的起源。

他说道："由仁义而后文者，性也；由文而后仁义者，习
也。"也就是说，文章与仁义道德同生于内心，文章的词句实
际是道德修养的表现。根据仁义道德来写文章，才是符合了人

的本性，而如果反过来，由写文章来展示道德，只能算是一种后天的学习。

他进一步认为，只要道德能行于天下，其实根本就不需要再著书、作文，之所以我们要著书、作文，是在道德不能行于天下时的无奈之举：

> 凡古圣贤得位于时，道行天下，皆不著书，以其事业存于制度，足以自见故也。其著书者，盖道德充积，阨摧于时，身卑处下，泽不能润物，耻灰烬而泯，又无圣人为之发明，故假空言，是非一代，以传无穷，而自光耀于后。故或往往有著书者……当兹得于时者，虽负作者之才，其道既能被物，则不肯著书矣。

在上文中，他的意思是，古代圣贤凡是能得到权位的，都直接将仁义道德颁行于天下，都不写书，因为他的"道"已经存在于他的实际功业中了。而写书的人，则是由于内在的道德十分充盈了，但由于时运不济，不能获得权位，身处下层，不能将自己的道德造福人民，又不甘心自己的道德就这样湮灭在历史中，所以才写书以光耀后世。

再次，李翱认为，写作之人不仅文章应是宣扬道德主旨的，而且自己的行为也应符合道德修养的要求。

李翱说道："吾所以不协于时而学古文者，悦古人之行也；悦古人之行者，爱古人之道也。故学其言，不可以不行其行；行其行，不可以不重其道；重其道，不可以久循其礼。"意思是，我之所以和世俗不一样，一定要去学写古文的原因，在于我对古代圣人的行为、道德非常喜爱。所以，学习古文，不可以不去实行古圣人的道德行为。李翱不仅这样说，而且从他一生表现来看，他也的确是这样做的。在这方面，他甚至比韩愈做得还要更纯粹一些。韩愈早年为了踏入仕途，还曾违心地练习并写作了许多迎合世俗的文字，但李翱却从未这样做过。他虽曾去向梁肃等人投递过自己的文章以求能被赏识，但他的基本文风却一直没有改变过，即使在自己文章几次没有被录取的情况下也没有妥协。

文贵创意造言

写文章最重要的当然是"道"的问题，在确立了止确的"道"后，第二步就应该是组织文章内容。在这方面，李翱提出了要"创意造言，皆不相师"的主张。也就是说，虽然大家在写文章的"道"上是相同的，但具体到写作内容、写作方法和遣词造句时则要追求创造性，不能盲目跟风。

先来看创意的问题。写文章的创意主要包括写作内容的选取和写作方法的采用方面。李翱采取打比方的手法介绍如何在同一个"道"的指导下进行不同的创意的问题。

> 如山有恒、华、嵩、衡焉，其同者高也，其草木之荣不必均也；如渎有淮、济、河、江焉，其同者出源到海也，其曲直、浅深、色黄白不必均也；如百品之杂焉，其同者饱于腹也，其味咸、酸、苦、辛不必均也。此因学而知者也，此创意之大归也。

这里举了三个例子：高山、河流与食物。就恒山、华山、嵩山、衡山这些山峰而言，它们相同的地方是都很高，但生长于各自山上的草木却不一样；就淮河、济河、黄河、长江这些大河而言，它们相同的地方是都会流向大海，但各自的曲直、深浅度和水色也不一样；就食物而言，它们相同的地方是都能饱肚子，但各自咸、酸、苦、辛的味道却不一样。这三个例子都非常生动形象地说明了文章创意是怎么回事的问题，其中那些相同之处就是指文章的"道"，不同之处就是指文章的创意。

除了比喻，李翱也拿儒家经典"六经"做例子来说明这个道理：

故其读《春秋》也，如未尝有《诗》也；其读《诗》也，如未尝有《易》也；其读《易》也，如未尝有《书》也……

《诗》《书》《礼》《易》《乐》《春秋》这六经主旨固然相同，但相互之间的内容差距还是很大的。人们读其中一本时，根本不会想到另外几本，这就充分说明了六本书各有各的成功创意。

对创意理论，李翱在实际写作中也是坚决贯彻的。他的文章，在内容、体裁和写作方法上跨度都很大，而各种作品所反映的主旨则非常一致，充分体现了何谓创意的道理。

再来看造言的问题。造言问题体现了李翱对写文章时语言文词的重视。对于这个问题，古代文学家都多有看法，陆机就曾说用词"休他人之我先"，韩愈也曾说"惟陈言之务去"，意思大概都指写文章用词必须要求新，不要用别人用过的词。李翱对此颇为赞同，他举如何描写"笑"的例子来说明应如何突破前人。前人描写"笑"之态，"假令述笑哂之状，曰莞尔，则《论语》言之矣；曰哑然，则《易》言之矣；曰粲然，则穀梁子言之矣；曰攸尔，则班固言之矣；曰鞿然，则左思言之矣。吾复言之，与前文何以异也？"意思是说，前人用了"莞尔""哑然""粲然""攸尔""鞿然"来描写"笑"，那我李翱再用这些词有什么意义呢？仅从说法的表面意思看，稍微有些过激，如果真是别人用过就不用的话，这文章恐怕就没法写了。抛开过激不谈，我们能从中了解到李翱力图在文词上极力突破前人的愿望，其重视文词创新的态度，是值得肯定的。

那么为什么要这么重视文章的文词呢？李翱有自己的解释。他认为，一篇好的文章应该是"文""理""义"三者兼重的，要达到"义深""理辩"和"文工"的水准，也就是要立意深刻、道理清晰和文辞工采。对于六经，李翱认为符合此标准，认为它们忘了所谓的难易，词极于工。李翱之所以如此重视文词，是因为在他看来，文词是使文章传之不朽的重要因素："义虽深，理虽当，词不工者，不成文，宜不能传也。文、理、义三者兼并，乃能独立于一时，而不泯灭于后代，能必传也。"他认为，作者有再好的道理，如果词句不工采，就根本不能成为文章，也就根本无法流传后世了，只有三者兼备的文章才能独立于当时，并能永久流传下去。

在这方面，李翱所欣赏的典范首先仍是儒家的"六经"：

> 浩乎若江海，高乎若丘山，赫乎若日月，包乎若天地，掇章称咏，津润怪丽，六经之词也。

他用江海之浩荡、山峰之高大、日月之显赫、天地之包容来形容六经的词句，表明了他极为赞赏的态度。除了六经，对先秦、西汉诸子的文章，李翱也多有赞赏之处："六经之后，百家之言兴，老聃、列御寇、庄周、鹖冠子、田穰苴、孙武、屈原、宋玉、孟轲、吴起、商鞅、墨翟、鬼谷子、荀况、韩非、李斯、贾谊、枚乘、司马迁、相如、刘向、扬雄，皆足以自成一家之文，学者之所师归也。"从"道"的角度看，孔孟儒家之外的其他诸子的思想观点，李翱都不赞同，但他对诸子文章的文辞仍然赞赏有加。这也体现了李翱在文学创作上持比较通达的包容态度，属于正确的文学态度。

最后需要指出的一点是，李翱虽重视文词上的创新，但他反感写作时为了凸显自己的独特性而刻意地标新立异。他认为这都是奇辞怪说，对于写好文章只有坏处没有好处。这一点上，他与师弟皇甫湜的看法是有很大差别的。

文应实用

李翱创作古文，非常重视文章的实用性，反对将写文章仅仅当作一门技艺的做法。他曾教导他弟弟说："汝勿信人号文章为一艺。夫所谓一艺者，乃时世所好之文，或有盛名于近代者是也。其能到古人者，则仁义之辞也，恶得以一艺而名之哉！"不要相信别人把文章称为一种技艺的说法。那些被称为技艺的文章，都是当时的人所喜欢的文章，最多也就是魏晋南北朝以来比较有名气的那些辞藻华丽的骈文。真正的文章是先秦时期古圣人的文章，是以宣扬仁义道德为主旨的言辞，怎么能用技艺来命名呢！

在创作实践上，李翱遵循这一创作原则，他所写的文章大部分都是针对现实而发的实用性很强的文章。在文章中他注重表现兴功济世的现实内容，表达了他作为一名有志文人对当时社会现实问题的清醒认识。

这一特点最典型地体现在李翱给上级写的一系列奏状、疏表上。

《论事疏表》是李翱于元和十五年间任国子博士、史馆修撰时上奏给唐宪宗提建议的文章。在文章的序言中，他谆谆告诫唐宪宗在武功上虽取得了很大的胜利，但不可因此只顾享乐而忘记忧患，应当再接再厉，革除政治弊端，以重新达到高祖、太宗时的盛世。在正文中，他用"疏用忠正""疏屏奸佞""疏改税法""疏绝进献""疏厚边兵"和"疏数引见待制官问以时事"六个小部分阐述具体的措施，用词都平易朴实，论问题也都是简要精当，使人一目了然。

《与本使杨尚书请停率修寺观钱状》和《再请停率修寺观钱状》是李翱于元和五年在岭南任幕僚期间两次写给节度使杨于陵请求停止修建佛教寺庙的文章。这两文也充分体现了李翱写文章注重实用、长于说理的特点。

在前一文中，他向杨于陵发问，讨论花巨资修寺庙的做法究竟有没有文化上的道理可讲。文章写道："阁下以为如有周公、仲尼兴立一王制度，天下寺观僧道，其将兴之乎，其将废之乎？若将兴之，是苻融、梁武皆为仲尼、周公也；若将废之，阁下又何患其尚寡，而复率其属合力建置之也？"

意思是说，您认为天下寺观僧道这一套做法和古代圣人周公、孔子他们立儒家文化制度相比，是处在兴盛的过程呢，还是处在将要衰落的过程中？如果您认为天下寺观僧道处于兴盛的过程的话，难道符融、梁武帝比得上孔子和周公？如果您认为天下寺观僧道处于衰落的过程的话，那您又为什么费这么大财力来修建寺庙呢？这段发问，文辞简洁、逻辑严谨且以事实说道理，只让辩论者无法抗辩。

在后一文中，他偏重从佛教对社会的实际影响出发，阐述不能大修佛寺的道理。文中写道："佛法害人，甚于杨墨，论心术虽不异于中土，考教迹实有蠹于生灵，浸溺人情，莫此之甚，为人上者，所宜抑焉。阁下去年考制策，其论释氏之害于人者，尚列为高等，冀感悟圣明，岂不欲发明化源，抑绝小道。何至事皆在己，而所守遂殊。知之不难，行乃为贵。"

意思是说，佛法害人比先秦的杨朱、墨家学说更甚，虽说其劝人向善的理论倒也不和儒家理论相违背，但作为宗教在传播过程中确实出现了让人做寄生虫、废弃人情的问题。您杨尚书去年主持吏部考试时还将考生批评佛教的文章列为上等，这样看来您是清楚其中的道理的。那为何做起事来反而又去支持佛教呢？您得知行合一。这段论述说理中肯，考虑周全，同样也是以事实说话，体现出不凡的写作功力。

另外，像写于贞元年间与河南尹韦夏卿讨论"黄卷故事"的《劝河南尹复故事书》、写于元和年间与浙东观察使李逊讨论陆巡官处理问题的《与本使李中丞论陆巡官状》都是类似的作品。

注重文章的现实应用和文风平易畅达是李翱文章的一个优点，而反过来也造成了一些缺点。与老师韩愈相比，他的文章显然不如韩愈那样气势磅礴、矫健雄肆，也绝少神来之笔的名言警句。这大概也是为何李翱未能入选"唐宋八大家"的重要原因吧。

同时，李翱对文章的实用性看得过重，对文学的意义定义也过窄，这导致他对诗歌一类的文学作品的意义认识不足。他不仅自己很少写诗，也不主张写诗，这成为李翱在文学创作上的一大遗憾。

二、李翱的叙事类作品

和同时期的韩愈、柳宗元相比，李翱一生所写的文章不算多，保留至今的有一百多篇。按照作品内容划分，他的作品主要可以分为议论性、叙事性、抒情性和随笔杂著四类。议论性作品的内容主要包括向上级上书议事和师友在书信中讨论学问。这些内容大部分我们在前面都进行了介绍，因此后面主要介绍叙事性、抒情性和随笔杂著这三类作品。从作品的数量和李翱自己的重视程度看，叙事性作品又是主要的类型。

秉笔实录的风格

由于李翱的文学创作重视实用性，加上其自身朴笃的性格和有志于写作历史的兴趣，所以他的叙事性文章最大特点是秉笔实录，在写作中多采用纪实笔法，尽可能地还原人物与事情的原貌。

这样做的好处在于，可以将人物所历之事最全面地展现出来，给读者以充分的信息量，也给后世留下最翔实的历史资料。这样做的不足则在于，一方面，这种原原本本照着实际来写的做法往往缺乏精彩度，太过于重视细节通常还会显得琐碎冗繁，单纯按照时间顺序来写也会呈现一种中心模糊、重点不突出的"流水账"问题；另一方面，严格地纪实的写作原则，使得李翱在写作中大多持一种站在人和事之外的纯客观的态度，他很少站在当事人角度和事情中作一个设身处地的关切，他对所写的人物的主观心理变化往往就比较忽视，对所写的事情的情境刻画也比较僵化，这样一来，人物和事情的鲜活度就都不够，缺乏打动人心的地方。

李翱秉笔实录所导致的不足，在李翱所写之人是他不太熟悉或者熟悉但也没什么特别显著功绩和戏剧经历的文章中体现得尤其明显。

《徐公行状》就属于前者。李翱不熟悉论主徐申，行文中就只是大体上按徐申从考试、任官到去世的时间顺序来叙述他的事迹。按照当时社会习俗，担任官职的经历是重点，官位越高越重要，李翱就重点描述徐申一生五次任刺史的经历。另外如《傅公神道碑》《司空柏公神道碑》和《马君墓志》等都是此类。

李翱为自己祖父李楚金写的《皇祖实录》则属于后者的代表。李翱这篇文章写作于为其祖父迁坟之时，写完后又请韩愈为其写了一篇《墓志铭》，两文对比，可以看出李翱的特点。

李翱祖父李楚金生平只担任过八品的司法参军职务，经历也平淡，一生没有太多显耀的事情可写。于是，李翱就将祖父生活中稍稍重要一点的事情都一一记下。例如，喜欢喝酒、性格旷达、行为孝悌和为官清廉等。其整个一生中最大的事情就是在担任贝州司法参军时曾经护卫刺史出城。不过，护卫刺史这件事本身是有问题的，当时的刺史严正晦鱼肉百姓，是个贪官，百姓们趁他离职时用瓦片石头打他为发泄不满，属于正义行为。而李楚金却保护这样的刺史，恰恰是不明是非的表现，是一生的污点。不过，李翱考虑到自己祖父实在没有什么可写的，就权把这件事情当成忠于职守、有勇有谋的品格，进行了详细叙述。从读者的眼光看，李翱这样不分轻重的记叙的确把事情的前因后果、各个环节都展示清楚了，但是对于刻画人物来说，就显得比较啰唆了。同样是讲这个人、这件事，韩愈的《墓志铭》就简洁许多，条理清晰，详略得当，让人一目了然。

我们仅来看二人是如何叙述李楚金保护刺史的主要手段——立木一事的。李翱这样写道：

> 于是（李楚金）集州县小吏，得百余人，皆持兵，无兵者持朴，埋长木于道中，令曰："使君出，百姓敢有出观者，杖杀大木下。"

韩愈的文章则是：

> 属小吏百余人，持兵仗以出，立木而署之曰："刺史出，民有敢观者，杀之木下。"

两相对照，李翱的叙述让人觉得拖沓、细碎，事情情节、人物形象都因此大打折扣；而韩愈的叙述文字利落，且有韵味，哪怕只二十几个字，但详略错落有致，人物形象也很清晰。两相比较，韩文为优。

《处士侯君墓志》也属于后者。侯高一生只是个没有考上进士的"处士"，所以李翱写他的生平也很简短。从行文中，我们大略能知道这是个有"汉魏之风"、敢于粪土功名的人，然后就是他与李翱怎么相遇、说了些什么话，他去世后，有个儿子跟着李翱生活过很长时间。如果没有别人的记叙，只有李翱的记载，那我们对侯高的了解也就形成这么一个很平面化的印象；但当我们看了韩愈的文章后，情形就不一样了，我们了解到侯高更多有意思的人生故事，因而侯高这个人物在我们面前就鲜活了起来。

当然，如果李翱对所写的对象很熟悉，而且事情或者人物本身就很有戏剧性，那么他写出来自然也还不错。

如为杨于陵写的《杨公墓志铭》。杨于陵对李翱有知遇之恩，李翱一生与之交往密切。在为杨于陵写的墓志铭中，他把当时那种动荡的时局、险恶的官场斗争展示得淋漓尽致，同时又将杨于陵在这种复杂阴晦的局面下如何刚正不阿、抵抗权奸、为民造福的个人品质充分展露了出来。再如为卢坦写的《故东川节度使卢公传》也属此类。卢坦是李翱一生挚友，李翱对之也非常了解。在展示卢坦一生事迹时李翱重点叙述卢坦见识高远、能识人用人，以此展示卢坦突出的才能和性格。此皆堪称李翱叙事写人的优异作品。

品析《韩文公行状》

在李翱的所有叙事记人文章中，最优异的代表作应是他为老师韩愈所撰写的《韩文公行状》。通过前文分析，这也可以想见。因为韩愈显然与他交往最密切，他对韩愈也十分熟悉了解，加上这是他最敬重的人，他也用了最大的精力去撰写，结果当然就不出意外了。

李翱这篇文章的优点可以通过与师弟皇甫湜的文章比较来了解，因为他们的文章同以韩愈为论主。根据韩愈生前安排，皇甫湜负责写《韩文公神道碑》《韩文公墓志铭》，李翱负责写《韩文公行状》。相比之下，李翱的《韩文公行状》语言平实畅达、简要精当，将有血有肉的韩愈形象自然烘托出来，皇甫湜的文章用语更为奇诡，但单就叙述记人而言则比李翱要差一些。

我们试分析其中几个片段。

第一个片段，关于韩愈的家世。

李翱的文章这样写道：

> 曾祖泰，皇任曹州司马。祖浚素，皇任桂州一长史。父仲卿，皇任秘书郎，赠尚书左仆射。公讳愈，字退之，昌黎某人。

皇甫湜的文章这样写道：

> 韩氏出晋穆侯。晋灭，武穆之韩而邑，穆侯孙寓于韩，遂以为氏，后世称王。汉之兴，故韩襄王孙信有功，复封韩王，条叶遂着。后居南阳，又隶延州之武阳。拓跋后魏之帝，其臣有韩茂者以武功显，为尚

书令，实为安定桓王。次子钧袭爵，官至金部尚书，亦能以功名终。尚书曾孙叡素为唐桂州长史，善化行于江岭之间，于先生为王父。生赠尚书左仆射讳仲卿，仆射生先生，先生讳愈，字退之。

两相对比，毫无疑问，李翱行文简洁明快，且要素全备，读者看得非常明白。皇甫湜的文章则牵涉繁复，行文冗杂，让人看半天摸不着头脑。也许皇甫湜的用心是想将韩愈的家世尽量写得显耀些以突出韩愈的不平凡，但从文章主题来看，难免有喧宾夺主的嫌疑。

第二个片段，韩愈随董晋平汴州兵乱的事情。

李翱这样写道：

晋辟公以行，遂入汴州，得试秘书省校书郎，为观察推官。晋卒，公从晋丧以出。四日而汴州乱，凡从事之居者，皆杀死。武宁军节度使张建封奏为节度推官，得试太常寺协律郎，选授四门博士，迁监察御史。

皇甫湜这样写道：

从军宰相董晋平汴州之乱，又佐徐州青淄通漕江淮。入官于四门先生，实师之，擢为御史。

韩愈一生命运多舛，多次遇险，而随董晋入汴州平乱算是最早的一次。这一次也很能体现韩愈当仁不让、勇敢刚毅的性格。李翱的描写体现了这一点，文字虽不多，但他写出了当时情境的危难和韩愈虎口脱险的惊怵，读者读来有兴味，同时对韩愈的个性品行也有了更切近的了解。相比之下，皇甫湜的处理则太随意了，读者从中根本得不到太多信息，感觉这次经历和韩愈生命中其他经历似乎也没什么区别。

第三个片段，韩愈随宰相裴度征淮西、平蔡州事迹。

削藩镇叛是韩愈最主要的政治主张之一，而能以行军司马的身份直接参与中唐时期最重要的"平淮西"战争是他自己也非常看重的一段经历。李翱为了突出这件事情对韩愈以及对当时政局的重要性，特地在叙述中补进了一段对历史背景的叙述。

> 自安禄山起范阳，陷两京，河南北七镇节度使身死则立其子，作军士表以请，朝廷因而与之。及贞元季年，虽顺地节将死，多即军中取行军副使将校，以授之节，习以成故矣。朝廷之贤，恬于所安，以苟不用兵为贵，议多与裴丞相异，惟公以为盗杀宰相而遂息兵，其为懦甚大，兵不可以息。以天下力取三州，尚何不可？

这段背景叙述主要是使读者明白，当时淮西节度使吴元济在父亲死后自代为新节度使的做法是对朝廷律法的违背，为何要讨伐他的缘由也很清楚了。同时，文中又明确指出，当时朝廷中大部分大臣都为求苟安而主张容忍退让，只有韩愈坚定支持宰相裴度的平叛主张。这样一来，韩愈在这件事情上的远见卓识以及所起到的重要作用就完全表现出来了。

皇甫湜的文章中没有这段背景，那么，韩愈在这件事情上的重要性就没有突显出来，表现力也就差了许多。

为女性写史

李翱一直有撰写史书的愿望，他也的确做过这方面的努力。他曾花费精力写过一部《唐史》，可惜最终遗失，我们今天已无法看到。今天能看到的他所撰写的史书典范作品是《高愍女碑》和《杨烈妇传》。李翱对这两篇文章很满意，自认为此两文的水准不在班固《汉书》之下。

两篇文章都是以女性为主角，她们都是唐德宗时在藩镇叛乱中出现的，高愍女的事迹涌现于建中二年（781）淄青节度使李纳叛乱事件中，杨烈妇事迹出现在建中四年淮西节度使李希烈叛乱中。

我们先看《高愍女碑》，该文首段叙事：

> 愍女姓高，妹妹名也。生七岁，当建中二年，父彦昭以濮阳归天子。前此，逆贼质妹妹与其母、兄，而使彦昭守濮阳。及彦昭以城归，妹妹与其母、兄皆死。其母李氏也，将死，怜妹妹之幼无辜，请独免其死，而以为婢于官。众皆许之，妹妹不欲。曰："生而受辱，不如死！母、兄且皆不免，何独生为？"其母与兄将被刑，咸拜于四方，妹妹独曰："我家为忠，宗党诛夷，四方神祇尚何知？"向其父所在之方，西向哭，再拜，遂就死。

短短两百余字，生动传神地描述了一位大义凛然、勇仁兼备的七岁奇女子形象。其中，前三分之一简明扼要地从宏观上叙述了整个事情。高愍女父亲高彦昭原为李纳叛军的部下，在战争中以所镇守的濮阳归顺朝廷。这个举动使得自己留在后方当人质的家眷被全部杀死，包括妻子和一个儿子以及小女儿。通过这段描述，读者对整个背景基本清楚了，接着肯定就会有继续阅读的欲望，想知道究竟在这个七岁的小妹妹身上发生了什么。李翱接着用三分之一篇幅描述了高愍女的第一个传奇行为。原来，在全家即将被杀害前，母亲李氏向行刑官求情，希望对这个小孩儿网开一面，哪怕卖为奴婢也行。行刑官被说服，准许了这个请求。没想到高愍女却站出来拒绝这个恩赐，原因是她不愿受辱而生，而且也不愿离开母亲、兄长而独生。读罢此段，读者已经被这个凄惨的故事以及这个勇敢的小女孩儿所打动和吸引，同情与敬意都油然而生。但故事还没结束，在行刑前，母亲和兄长向四方拜祭，希望死后的灵魂能得到神祇保佑，可算是一种临死前抵抗恐惧的自我安慰。但妹妹却毫不畏惧，大声申明，自己一家为忠而死，本就无所畏惧，有什么必要去求神祇呢？然后朝他父亲所在的西方哭了一阵，再拜一拜后，从容就死。读到这里，读者已经被这个女孩所表现出来的仁义正气所深深感染，对那个造成悲剧的时代充满愤懑。

文章次段进行了评论：

> 明年，太常谥之曰愍。当此之时，天下之为父母者闻之，莫不欲愍女之为其子也；天下之为夫者闻之，莫不欲愍女之为其室家也；天下之为女与妻者闻之，莫不欲愍女之行在其身也。昔者曹娥思盱，自沉于江；狱吏嘘囚，章女悲号；思唁其兄，作诗载驰；缇萦上书，乃除肉刑。彼四女者，或孝或智，或义或仁。噫此愍女，厥生七岁，天生其知，四女不伦。向遂推而布之于天下，其谁不从而化焉？虽有逆子必改行，虽有悍妻必易心。赏一女而天下劝，亦王化之大端也。异哉愍女之行，而不家闻户知也。

相比前文的叙述，这段评论要逊色一些。评论先是对高愍女进行赞扬，用了夸张的手法，说天下父母都愿生这样的女儿，天下男子都愿娶这样的女子，天下女性都愿仿效高愍女而行事，接着又对比，认为历史上四个优秀的女性都比不上她。评论到这里都基本还可以，虽说用语有些稍过，但考虑到情感因素，可以接受。不过后面的一段有些太浓厚的道德说教色彩，认为将此一女的事迹向天下推广宣传就可以使得天下从化。这样来处理高愍女事件，总让人感觉把高愍女的牺牲当成工具来使用的嫌疑，使人不敢苟同。

再来看《杨烈妇传》。李翱在此文中同样也描述了一名奇女子。

杨烈妇是当时项城县令李侃之妻。当李希烈叛军陷汴州、分兵数千人围项城县时，李侃惊恐莫名，不知该怎么办。此时，他柔弱的妻子杨氏却挺身而出，面对叛军镇定自若，一面鼓励丈夫坚持守城，一面亲临前线，激励士气，指挥筹划，与强悍的叛军对垒，最终以守军射杀叛军首领，守住城池而取胜。李翱也是用了数百字刻画了一名有勇有谋、不让须眉的豪气女性。接下来的评论更为精彩，要胜于《高愍女碑》。

> 妇人、女子之德，奉父母、舅姑，尽恭顺，和于娣姒，于卑幼有慈爱，而能不失其贞者，则贤矣。辨行列、明攻守勇烈之道，此公卿、大臣之所难。厥自兵兴，朝廷宠族，守御之臣凭坚城深池之险，储蓄山积，货财自若，冠胄服甲、负弓矢而驰者，不知几人。其勇不能战，其智不能守，其忠不能死，弃其城而走者有矣。彼何人哉！若杨氏者，妇人也。孔子曰："仁者必有勇。"杨氏当之矣。

此论说，一般人把女性的"贤德"定义为能孝顺长辈、和睦姐妹、爱护幼小以及不失贞洁。杨氏的行为使人们对女性刮目相看，因为她干成了很多大男人也做不到的事情。能够明白忠于国家朝廷的道理，又拥有抵挡叛军的能力，许多公卿也做不到。自从叛军兴起以来，受朝廷宠幸的那些大臣放弃坚固的城池和财富，穿着铠甲、带着兵器逃跑的人，不知道有多少。可是一个柔弱的女子今天却超过了他们，她完全配得上孔夫子所称赞的"仁者必有勇"的崇高评价。这段评论的精彩之处既在于李翱敢于对当时地位低下的妇女给予最高的评价，同时又对朝廷那些居于高位的庸碌之徒进行了入木三分的讽刺，堪称妙笔。

总的来看，李翱肯为两名妇女立传，其中的高愍女年还只有七岁，在那样一个女性地位尚未得到平等对待的社会中，确实难能可贵，从中能窥见李翱持平、理性的历史观。即使和历代以来的史学大家相比，李翱这样的作为的确也毫不逊色。

三、李翱的抒情类作品

李翱作品中，抒情为主的作品不多，这与他相对轻视情感的创作理论有关，同时也与他相对理性务实而缺乏感性的性格有关。但是人非草木，孰能无情，李翱再怎么轻视情感，也无法成为一个完全没有情感的人。他在人生道路上碰到的许多的人和事仍然在特定的时候拨动着他内心深处的情感心弦，演奏出抒情性的文章。

祭文：在叙述中表达哀伤

祭文是对逝者特别是刚刚去世的人的一种追思与祭奠，表达作者内心的沉痛与哀伤。李翱一生朋友遍天下，也就因此写过不少祭文。他的祭文一般记叙逝者经历或者重要事迹，在这种叙述中将哀伤之情表达出来。

所有祭文中，当然首推他祭奠老师韩愈的《祭吏部韩侍郎文》。

韩愈是他一生至交，也可说是他生命里最重要的人。韩愈之逝给李翱带来的伤痛当然很大，但他并没有一开头就发哀思，而是忍住悲伤详述韩愈一生最高的成就：

孔氏云远，杨朱恣行。孟轲距之，乃坏于成。戎风混华，异学魁横。兄尝辩之，孔道益明。

上文意思是说，由孔子开创、孟子继承的儒家道统在孟子死后就无传人，以至于外来的"异学"渐渐占据主要地位，在中华大地上横行（暗指佛教）。直到韩愈出现，坚决申张儒家道统，使得孔孟之道逐渐重获光明。这是韩愈的第一项成就。

建武以还，文卑质丧……俪花斗叶，颠倒相上。

及兄之为，思动鬼神。拨去其华，得其本根。……

"六经"之学，绝而复新。学者有归，大变于文。

上文大意说，魏晋南北朝以来，文坛风气也变坏了，大家都争相去作辞藻华丽而无实质内容的骈文，文章真正的"道"已经暗而不彰。直到韩愈出现，将那些堆砌浮华辞藻的文章全部摒弃，提出"文以载道"的主张，直达文章真正的本根——教化之道。这样一来，"六经"所承载的学问才获得复兴，而读书人也纷纷向韩愈看齐，整个文风得到巨大的改变。这是韩愈的第二项成就。

通过对韩愈毕生成就的扼要回顾，韩愈作为文坛巨匠的伟大形象巍然屹立，一种庄严肃穆的氛围逐渐形成，也为下文哀情的迸发作下了铺垫。

接着在简单叙述了韩愈早年的仕途经历后，李翱着重将自己与韩愈相识相知的经历进行了叙述：

> 我游自徐，始得兄交。视我无能，待予以友。讲
> 文析道，为益之厚。二十九年，不知其久。

以上是以比较谦虚的笔调写出两人初识时相见恨晚的情境。"二十九年，不知其久"更是描述了二人志同道合、长相切磋以至于忘却岁月流逝的情形。八个字便把一种人生难以轻易获得、弥足珍贵的人生友谊书写得如痴如醉，而作者对这种深厚友谊的不舍与依恋之情也已经呼之欲出。

> 兄以疾休，我病卧室。三来视我，笑语穷日。何
> 荒不耕，会之以一。人心乐生，皆恶言凶。

相见之后，急转直下，就进入两人相处的最后岁月。两人都在病中，但韩愈不顾自己的疾病，多次抱病去看望李翱，这种对朋友忘我的关怀着实打动人。当时两人不仅都生病，而且也都赋闲在家，可以说都在人生十分低落的时刻，但二人在那样寥落的氛围中却没有一丝的不开心，他们都以极其乐观通达的态度看待人生时局，而两人在最后岁月里交往时所达到的那种超越言辞之上的默契与相知更是让人神往与倾慕。

> 兄之在病，则齐其终。顺化以尽，靡患于中。欲
> 别千万，意如不穷。

韩愈当时病得已经很严重，明显有要离世的征兆，可是韩愈对自己的疾病乃至死亡看得十分豁达。他把自己的死亡认为

是顺应万物变化规律的一种自然表现，没有任何困惑与畏惧。韩愈这种对待死亡的心境也感染了李翱，使得原本有许多安慰祝福话语想说的李翱心中也平静了。李翱也明白了，什么多余的话都不用说。对韩愈离世前这段情形的描写，使得读者在进一步理解韩愈的不平凡时会被默默感动。

> 临丧大号，决裂肝胸。老聃言寿，死而不亡。兄名之垂，星斗之光……百酸揽肠，音容若在，曷日而忘……

祭文最后才出现了感情的爆发，"决裂肝胸""百酸揽肠"，不是从内心里发出的悲哀不会有这样哀痛的词句，这些表达哀痛的字眼的确很扯动人的眼球与心灵，让人不忍卒读。不过即使在这样完全抒情的语境下，李翱也仍没有忘记理性的思维，他用老子的道家观点对老师的离去进行了超然的阐发，认为韩愈虽死而不亡，他的名望精神依然如星斗一样永垂天际。从情感而言，这是对极度伤感的情感氛围进行一定的释放，但反过来其实更证明这种哀痛是伤到骨髓中去了，是难以拔除的。

另一篇有代表性的祭文是李翱祭奠自己早夭的女儿的《湖州别女足娘墓文》。

> ……我为汝父，汝则我女。王命有期，不得安处。延陵丧子，葬不归吴，考之于礼，其合矣夫？汝之形骨，托终此土；汝之精神，冥漠不睹。上及于天，下及于泉，鬼神有知，汝骨安全。永永终古，无有后艰。我来诀别，涕泪涟涟……

在这篇文章中，李翱以叙述来表达哀伤、将哀伤隐忍于内而不明确显发的特点尤其明显。其实他专程来告别女儿的灵茔并为爱女写祭文就说明了他内心一定是很悲伤的，但是他仍没有开篇就直抒胸臆。他先从自己所处的情形讲起，说之所以要来话别是因为朝廷有调令不得不离开，接着又说之所以没有将女儿遗骨迁回家乡有实际的难处，且这样做符合礼制规定，有历史典故可遵循，言下之意希望女儿九泉之下能原谅。再接下来才讲了一点哀伤，说女儿死了，自己今后再也见不到了，只为她祈求死后能得安宁，字面上看仍是以宽慰居多。直到最后，他才有纯粹的抒情——"我来诀别，涕泪涟涟"，也用八个字，父亲对早夭爱女的疼爱、不舍之情斑斑可见。整个祭奠女儿的文章，我们觉得字面上的确哀伤不明显，看起来不像是在祭奠，而是在与惹人爱怜的女儿面对面说话，就是说把已死的人当作未死的人来对话。这样看起来不是很哀伤，可是仔细一品味，这种丧亲之痛已经深达心扉，到了伤者根本不敢去触碰的程度。

《感知己赋》与《幽怀赋》

赋在各种文学体裁中，是最能抒发情感的体裁之一，也是很能展示作者文学才华的一类体裁。李翱的赋写得很少，一共三篇，即《感知己赋》《幽怀赋》和《释怀赋》。

《感知己赋》主要是写给自己一生中最早的知遇之交——梁肃，表达对梁肃知遇之恩的感激。赋文如下：

> 戚戚之愁苦兮，思释去之无端。彼众人之容易兮，乃志士之所难。伊自古皆嗟兮，又何怨乎兹之世。独厄穷而不达兮，悼知音之永逝。纷予生之多故兮，愧特于世之谁知。抚圣人教化之旨兮，泂合古而乖时。诚自负其中心兮，嗟与俗而相违。趋一名之五稔兮，尚无成而淹此路歧。昔圣贤之遑遑兮，极屈辱之驱驰。择中庸之难蹈兮，虽困顿而终不改其所为。苟天地之无私兮，曷不鉴照于神祇。心劲直于松柏兮，沧霜雪而不衰。知我者忽然逝兮，岂吾道之已而。

显然，从赋文本身来讲，没有过多地讲到梁肃如何帮助自己以及自己对梁肃的感激，这些内容他放在前面的序言中详细讲了。赋本文表达了这样几层情感：一是自己愁苦万端，无法释怀，其原因在于自己选择了一条仁人志士的道路，自古以来仁人志士的道路就是这样；二是非常希望能获得知音之赏识，才能一解困苦厄穷的局面；三是即便是自己再困难，也绝不会改变自己最初的志向。在这样一种情感氛围下，再点出梁肃逝去对自己的影响就显得很突出了。正是由于周围环境的恶劣，梁肃对李翱的知遇才显得意义极其重大与珍贵。而梁肃的去世给李翱所造成的创伤之深以及自己对梁肃的感激程度之高，读者都能从文中很容易地把握。

《幽怀赋》是一篇对时局有感而发的赋文，其内容是针对周围一些友人对社会没有信心的喟叹作自己的解读。

> 众嚣嚣而杂处兮，咸嗟老而羞卑。视予心之不然
> 兮，虑行道之犹非。

起首四句就讲当时众人的普遍状态，都只顾在那里吵吵嚷嚷，哀叹自己年老位卑，对李翱以复兴仁义为己任的志向不以为然，甚至公开非议。

> 傥中怀之自得兮，终老死其何悲？昔孔门之多贤
> 兮，惟回也为庶几。超群情以独去兮，指圣域而高
> 追。固箪食与瓢饮兮，宁服轻而驾肥？

接着李翱以大义凛然的语气予以回答，倘若自己的志向能得到实现，就算是以卑微身份老死又有什么可悲的？孔门弟子中以颜回为最贤德，他就是敢于超越一般人的志向，以圣人为目标。他有了这样的品格志向，对自己箪食瓢饮的简陋生活从未有抱怨，也从未羡慕别人乘肥马、穿轻裘的生活。

> 望若人其如何兮，惭吾德之纤微。躬不田而饱食
> 兮，妻不织而丰衣。援圣贤而比度兮，何侥幸之能
> 希。念所怀之未展兮，非悼己而陈私。

和颜回这样的人相比，我们应该感到非常惭愧。因为我们

现在不用耕田却能吃饱饭，妻子不用织布却有足够的衣服穿。拿圣贤当年的遭遇和我们比的话，我们要为自己感到庆幸。我们应该哀叹的是自己理想未得到施展，不要因为私人生活贫穷而忧愁。

> 自禄山之始兵兮，岁周甲而未夷……税生人而育卒兮，列高城以相维。何兹世之可久兮，宜永念而遐思。

自从"安史之乱"以来，国家每天都在打仗。各地节度使都向老百姓征收大量的税赋来养军队，修建许多城墙互相防备，时局混乱不堪。这样的日子为什么持续这么长时间没有改变？这才是我们需要深思的地方。

> 有三苗之逆命兮，舞干羽以来之。惟刑德之既修兮，无远迩而咸归。

古代圣王帝尧执政时期，三苗叛乱，帝尧命士兵拿着兵器跳舞将三苗安抚。只有国家的刑罚与道德两个方面都修明，远近老百姓才都会归附。

> 当高祖之初起兮，提一旅之羸师。能顺天而用众兮，竟扫寇而戡隋。况天子之神明兮，有烈祖之前规。划弊政而还本兮，如反掌之易为。苟庙堂之治得兮，何下邑之能违。

本朝开国的高祖当年也是以一支羸弱的军队起家，最后能让天下归附并扫荡昏暴的隋朝。当今天子也有神明的资质，又有前辈的制度，如果来改革弊政以复兴当年荣耀，当易如反掌。如果朝廷的治理走上正轨，就不用担心地方郡县的问题了。

> 哀予生之贱远兮，包深怀而告谁……独中夜以潜叹兮，匪君忧之所宜。

我哀叹自己生在远离中枢的偏远地方，满腔热忱与理想能向谁诉说呢？只好每到深夜里独自叹息，这对君王之忧患也起不到作用啊。

整个《幽怀赋》从品评众人的错误思想开始，一步步进入对时局纷乱的深切解读，最后回到情感上面，抒发自己虽有为国家分忧解难的抱负却没法施展的悲哀，这是一种真正的幽郁情怀。总体上看，这篇赋文依然是叙述与说理的成分大于单纯的抒情，和李翱一贯的文风相合。

品析《释怀赋》

相比于《感知己赋》的简短和《幽怀赋》的叙述大于抒情，《释怀赋》是李翱作得最好的一篇赋文。这篇文章是李翱读了《后汉书·党锢传》后的感想。

为方便品析，现把李翱全文分段后列于下：

怀夫人之郁郁兮，历悔客而不离。吾心直以无差兮，惟上天其能知。邪何德而必好兮，忠何尤而被疑。彼陈辞之多人兮，胡不去众而讯之。进芘言而不信兮，退远去而不获。弗验实而考省兮，固予道之所厄。

昔师商之规圣兮，德既均而行革。惟肝肠之有殊兮，守不同其何责。愿披怀而竭闻兮，道既塞而已行。路非险而不通兮，人忌我而异情。王章直而狱死兮，李固忠而陷刑。自古世之所悲兮，矧末俗之哀诚。哀贞心之洁白兮，疾苗莠之纷生。令农夫以手锄兮，反剪去乎嘉茎。

岂不指秽而语之兮，佯瞪瞳而不肯听。叹释去而不忍兮，终留滞亦何成。当晨旦而步立兮，仰白日而自明。处一世而若流兮，何久永而伤情。乐此言而内抑兮，壮大观于庄生。

拔馨香之芷兰兮，树蒿蔚以罗列。斥通道而使无

110

分，恋棘径之中绝。置《春秋》而询心兮，羌与此其奚别。昔誓词而约交兮，期共死而皆居。嗟所守之既异兮，乃汗漫而遗初。心皓白而不容兮，非市直而望利。忠不顾而立忘兮，交不同而行弃。

悲夫！不徇己而必仇兮，谅非水火其何畏。独吾行之不然兮，直愧心而惧义。嘉山松之苍苍兮，岁苦寒而亦悴。吾固乐其贞刚兮，夫何尤乎小异。欲静默而绝声兮，岂不悼厥初之所志。抑此怀而不可兮，终永夜以嘘唏。

开篇第一句话，李翱便开宗明义地表达本文的主旨——"释怀"。"怀"是什么？是人内心里一种郁郁的情感，即使经历灾祸也不会离人而去。那么李翱究竟要释放何种情感呢？第一段主要讲这个问题。他所不能释放的情感，其核心就是自己所坚持的"道"处于困厄之中了，表现就是忠心耿耿却会被怀疑，进谏直言却不被信任。之所以李翱是在看了《后汉书》之后会有这一段感慨，主要是因为李翱所处的中唐时期的政治局面与东汉时期很相似，都是君主昏、宦官专权、奸佞当朝，而正直之士受打击。

第二段，他似乎找到了一定的出路。"昔师商之规圣兮，德既均而行革"以下四句，大意即是说，面对这种困厄的局面，应该像古代的贤臣一样去规劝君王，这样使得道德能遍施于天下，错误的行为得到改革。即使在道路上有阻塞、有凶险也一定要坚持走下去。但接下去的情况却风云突变，"王章直而狱死兮，李固忠而陷刑"，就算人有不怕凶险坚持前行的勇气，可是《汉书》的历史告诉人们，这样做其实不一定有效果，你看，王章、李固这些汉朝的正直大臣不都是因为正直、忠心反而身陷牢狱死于非命吗？为什么会有这样的问题，根结在哪儿呢？"哀贞心之洁白兮，疾苗莠之纷生。令农夫以手锄兮，反剪去乎嘉茎"，原来是主持政权的那个人的问题。朝廷

111

的大臣们就像是地里长出的植株，正直的大臣是庄稼，奸佞的宦官是野草，而管理这片农田的农夫正是主持政权的君王。可是没想到这个农夫不称职，他把庄稼给锄去，把野草给留下了。于是刚刚好像有点希望的事情马上就陷入了深深的失望之中，君王要这样做，其他人还有什么法子呢？

第三、第四段，李翱的思绪透露出一种非常痛苦的纠结。按照前文的思考，既然是这样一个没办法的局面，那不如干脆离去不管，一了百了。但是话虽这样说，实际上又怎能做得到呢？"叹释去而不忍兮，终留滞亦何成"，既然是对国家天下有关怀的人，就不可能忍心不顾而独善其身或是同流合污，可是你不离去留下来也没什么实际作用，实在是让人进退两难。这种思绪读者何其熟悉，不正与当年屈原的思绪是一模一样的吗？屈原因忠心而被贬谪，可是又对楚国充满着不舍与眷念，这种思绪情怀何其痛苦与矛盾。往大了说，基本上也可以代表中国传统知识分子一贯具有的一种矛盾情怀。所以李翱在这里的悲鸣可以说遥契古代先贤，下起后世仁人，一下子使得整个文章的思维境界提升到了一个永恒的高度。整个第三段都是对这种思绪进行展示，通过各种典故、细节使读者对其痛苦了解得淋漓尽致。

第五段，总抒情。李翱是在极度悲愤失望、极度矛盾纠结中陷入了深深的无可奈何。自己虽然一定还要坚持下去，可是未来究竟有几分保障呢？难以预料。"嘉山松之苍苍兮，岁苦寒而亦悴"，就如那苍苍的山松一样，虽说它很坚强，有抵抗风寒的能力，可是不断历经风雪苦寒后，它也逐渐憔悴了。"抑此怀而不可兮，终永夜以嘘唏"，最后能做的仍只剩下在深夜里默默叹息了。

全文虽已结束，但李翱难忘忧思的刚毅形象却镌刻于读者心中，由文字所迸发出来的情感也仍在读者心海荡漾，一种浓郁得化不开的愁绪逐渐地笼罩在读者的心头。此文名为《释怀赋》，实际上他的情感却根本找不到释怀的途径，并使得读者的情感被他打动，也陷入一种难以释怀的情绪中去了。此赋文无论在主旨立意、辞藻使用还是抒发情感方面都达到较高水准，的确是一篇上佳的抒情作品。

四、李翱的随笔杂著

如同老师韩愈一样，李翱除了创作大量规范严谨的文章外，也留下过不少随笔杂著类的文章。

借物喻志：《国马说》与《截冠雄鸡志》

通过写动物来表达思想，这是当时较常见的一种写作方式。李翱的《知凤说》《国马说》和《截冠雄鸡志》都属于此类。其中《知凤说》在前文已经详细介绍了，这里主要谈《国马说》和《截冠雄鸡志》。

《国马说》是一篇小短文，写一个有关两种马的小故事：骏马和国马。李翱通过对两种马不同表现的描写，实际上描述了两种人。

> 有乘国马者，与乘骏马者并道而行。骏马啮国马之鬃，血流于地，国马行步自若也，精神自若也，不为之顾，如不知也。既骏马归，刍不食，水不饮，立而栗者二日。骏马之人以告，国马之人曰："彼盖其所羞也，吾以马往而喻之，斯可矣。"乃如之。于是国马见骏马而鼻之，遂与之同枥而刍，不终时而骏马之病自巳。

这故事说，有个骑国马的人和骑骏马的人并道而行。骏马啮咬国马的鬃毛，以至于血流满地，但国马依然神态自若地继续走路，头也不回，就像根本不知道这回事一样。骏马回家后，两天时间食也不吃，水也不喝，就站在那里发抖。骏马主人慌了，赶紧把这事告诉了国马的主人。国马主人说："它是因为羞愧的原因，我让我的马去给它开导一下就行了。"于是，就牵着国马去见骏马。两马相见，国马和骏马碰了下鼻子，于是两马开始一起吃食，不久骏马的病就好了。这是个饶有趣味的小故事，李翱的叙述也简洁有趣。当然，他的目的肯定不只是讲故事，我们看了也知道他是在以马喻人。究竟这两马在比喻什么人呢？为了能把这个道理说得更明白，他接着发了一通议论。

在议论中，他讲道，骏马、国马就形体而言虽是马，但就其心而言则正是人，这与李翱所一直主张的应就"心"论人论事的观点是一致的。就心而论，这两匹马所表现出来的还不是一般人的品格："故犯而不校，国马也；过而能改，骏马也。""犯而不校""过而能改"，这都是孔夫子所津津乐道的君子品格，这两匹马身上居然具有了，堪称难得。最后他联系现实，得出和这两匹马相比，有许多人远远赶不上。所以那些不能有真正人的品格的人，虽有人的形体，其实不能算人。照这种情形，"以彼人乘国马，人皆以为人乘马，吾未始不谓之马乘人"，实际上某些品格低下的人骑马的时候，我们应该称之为"马骑人"！最后这个结论下得诙谐幽默而又惊世骇俗，对社会上不讲道德的人的批评讽刺深刻形象，发人深省。

《截冠雄鸡志》的篇幅长一点，文章类型、写作风格与主旨都和《国马说》相同，只是换了个故事。

故事分两部分，第一部分写他见到截冠雄鸡的情形。一群鸡在觅食，且啄且饮，并且显得和人很亲近。李翱很喜欢这些鸡，便在地上撒了些食料呼叫它们。有一只雄鸡，被人截掉了冠子，看起来像是领头的。它先向李翱跑来，看到地上的食料便长声鸣叫，像是召唤众鸡前来吃食一样。众鸡听到叫声便一齐跑来，但它们却都厌恶截冠雄鸡，攻击它，拖曳它，把它从鸡群中赶走，然后争先恐后地回来吃食。傍晚，这群鸡一齐栖息在厅堂前的栏杆上，截冠雄鸡又来了。它好像眷恋着同伴们，也想要登上栏杆栖息。但它最终没有上去，而是仰头旋转着望了半天，然后就开始鸣叫。先是小声叫，而后又大声叫、伸长脖子叫，声音很是悲凉。接着便离开了这里来到庭院中，一边哀叫一边飞翔，一下子飞上庭中三十多尺高的大树，栖息在树顶上。看到这样的情形，李翱很奇怪，为什么一只愿意为群体服务的雄鸡反而被众鸡所排斥呢？读者当然也有这样的疑问。于是，在第二部分中，李翱通过养鸡人的口解答了这个疑惑。截冠雄鸡是邻村人寄养在这里的一只客鸡，这只鸡勇敢而善斗，家中的六只雄鸡都被它打败过，所以它们全部厌恶它而不与它共同进食和栖息。截冠雄鸡只好独自行动，但它每一次找到食物时却从来没有自己先吃，总是吱喝伙伴们一起来享用。但每次遇到这种情况，众鸡却并不领情，虽然靠截冠雄鸡的召唤寻到了食料，可它们一见到食物便把截冠雄鸡赶走。截冠雄鸡的好心虽然得不到报答，但它的行为一如既往，没有因此而改变。

《截冠雄鸡志》所讲的故事是个略带残酷性的故事，所反映的情形和当时的社会现实也更加相似。"截冠雄鸡"的形象非常鲜活动人，它完全就是一位心怀大志却不为世俗所容的君子。写到这里，实际上不需要李翱的任何评论，读者都已经完全明白了整个故事的意义。读到这样一只具有君子品格的鸡的悲壮遭遇也能让人回味无穷，思索良久。

讽刺性的杂文：《杂说下》与《解江灵》

《国马说》《截冠雄鸡志》带有寓言的性质，虽也有讽喻时局的性质，但本质上是李翱借所看所听到的故事来发议论，算不上纯粹的杂文。而《杂说下》与《解江灵》则是李翱创作的真正的杂文。

> 龙与蛇皆食于凤。龙智而神，其德无方，凤知其可与皆为灵也，礼而亲之。蛇毒而险，所忌必伤，且恶其得于凤也，不惟啮龙，虽遇麟龟，固将噬之而亡之。凤知蛇不得其欲则将协豺犬而来吠噪也，赋之食加于龙。以龙之神浮于食也，将使饱焉，终畏蛇而不能。麟与龟瞠而讴曰："凤兮凤兮，何德之衰。往者不可谏，来者犹可追，已而已而。"既而麟伤于毒，伏于窟；龟屏气潜于壳，蛇侦龙之寐，以毒攻其喉，而龙走；凤丧其助，于是下翼而不敢灵也。

大意为，龙和蛇都是凤的下属，靠凤得食。龙有智慧且有神通，道德也很高尚，凤知道自己和龙都是属于神灵一类，所以对龙十分礼遇。蛇则有毒且阴险，只要是它嫉妒的一定会进行伤害。它很愤怒龙被凤礼遇，为发泄怒火，不仅想咬龙，而且遇到麟和龟，也想把他们咬死。凤知道蛇如果目的达不到就会招来豺犬协助对自己发难。于是他想为龙增加食物供给以对抗蛇，以龙的神通稍微吃一些食物就够了，但凤由于畏惧蛇而终于不敢为龙提供足够食物。麟和龟感到很震惊，齐声唱道："凤啊凤啊，道德怎么衰退成这样呢？过去的事情不能挽回了，将来的事情还来得及。算了吧算了吧。"接着，麟被蛇毒所伤，躲进洞里去了；龟屏住呼吸躲进壳里去了。蛇趁龙睡觉时，用毒牙咬了龙的喉咙，龙跑掉了；凤失去了助手，于是收起了翅膀不敢再显灵了。

这是一篇寓意深刻、思维大胆的杂文，虽说讲的全是动物，但只要把里面的关系稍微一梳理，人人都可看出李翱是在辛辣地批评时政，且目标直指当时最高统治者皇帝和他身边的宦官。很显然，凤就是指皇帝，龙指有道德的大臣，蛇指宦官，麟与龟代表民众，豺犬大概指拥有兵权的节度使。当时的现实也就是这样，君王受控于毒辣阴险的宦官，驱逐了忠臣直士，而百姓也一同遭殃。整篇文章构思巧妙，比喻传神，一字不着现实却写尽了现实的疯狂与无奈。最让人眼前一亮的是借麟、龟之口把《论语》中楚狂接舆嘲笑孔子的话说了出来，不露痕迹地嫁接古人名言，但却恰到好处地既符合故事情节又能反映当时现实的情形，确为神来之笔。

《解江灵》也是李翱刻意创作的一篇杂文。他通过一段虚构的对话来展示自己的一些人生感悟。

八月的一天夜晚，李翱从京城出行，住宿于江船之上。当时，明月高悬，江水初平，万籁俱寂。突然，李翱听见两个商人在对话。对话的起因是其中一人要离开，另一人不理解两人交往十多年，关系一直很好，为什么对方要离开。要离开的那个人回答的就是全文的主要内容，全是四字一联的骈文。整个回答从十余年前两人相识开始，一步步介绍两人关系从疏到亲，从亲到隔阂的发展步骤，尤其分析对方在交往中的种种劣迹，揭露对方表面上虽然亲热，实质上却不可交的种种表现。比如，"汝之责人，惨若五刑。小不顺汝，亦何足听"，你责备起人来十分刻薄，稍稍有不顺从你的意思，你都不肯听从。"异汝者斥，谄汝者荣，苟不汝随，绝如俎盟"，你对和自己有不同意见的人大加排斥，对讨好自己的人就给予好的待遇，如果谁要是不顺从你，你立马就翻脸不认人。即使这样，"我"做得仍然尽仁尽义，"我虽受责，敢丧前志。利汝荐汝，每忧不暨"，"我"即便受到你指责也不因此而背弃你，继续帮助你，唯恐没有尽到力。可是你呢？完全不能以诚信待我，"巧避我长，善探我恶。短我如坠，誉我如缚"，你巧妙地避开"我"的优点，善于抓住"我"的弱点，损起"我"来就把"我"端进深渊，夸奖"我"时又像给"我"绑上绳索，最终让"你"自己获得最大的好处。你这样对朋友，"我"怎么还能待下去呢？所以"我"去意已定，而你现在财富充盈，妻妾成群，看起来也无须"我"再来帮助了。"我从此去，非曰道

117

薄。愿汝我忘，无盛其毒。""我"自此离开你在道义上绝对对得起你，所以你也就把"我"忘了吧，不要在背后再来诅咒"我"。听到这里，李翱听不下去了，马上发言斥责："人生若流，其可久长？须臾臭死，瞥若电光。用心平虚，天灵所减。得失是非，其细如芒。奚为交争，此实不祥。"他这是在劝解受委屈的那位商人：人生如流水，转瞬即逝，所谓公平合理、得失是非哪里计算得清楚呢？不如都心气平和一点，委屈争斗就都平息了。这位商人听后，"叹息吐气，掩郁无语"，似乎是同意并接受了李翱的意见。李翱随即"启户视之，不见其处"，这时才发现原来根本没有什么商人，而是"江灵"在对话。显然，这个场景和对话都是李翱自己虚构的，而真正的对话发生在李翱自己的心里。在那样污浊不堪的社会环境下，像有委屈的"江灵"一样遭遇的人何止千万？作为对社会现实敏感关注的思想家，李翱自然想对这样的现象作解释，于是就假设了这个场景。不过，从其解释来看，表面上有些洒脱与旷达，背后体现的却是一种对社会污浊现状的无可奈何，甚是凄凉。

整体上讲，李翱的这两篇杂文想象力丰富，文采飞扬，是李翱作品中比较少见的灵气十足的代表作。

《来南录》与《何首乌录》

《来南录》和《何首乌录》是李翱作品中比较独特的作品，前者是中国最早的日记体随笔，后者则是一篇从故事叙述和说明两方面来介绍一种名药材"何首乌"的随笔，颇有文学、医学和生物学研究价值。

《来南录》写于元和四年正月至六月间，记录的是他应杨于陵之邀请，偕妻子南下岭南赴任的整个行程。由于他对沿途州县名字以及路程距离的详细记载，他这篇日记为历史地理的研究提供了很多有价值的资料。我们可以非常清晰地了解到当时纵贯大唐东南地域的一整条水路交通线路——沿途经巩县、河阴、陈留、雍丘、宋州、泗州、楚州、扬州、润州、常州、苏州、杭州、睦州、衢州、信州、吉州、韶州，直到广州。同时，由于他详细记载了每次航船在河流中的行进历程，使我们对当时中国的主要河流走向和交汇情况也就有了比较详尽的掌握。另一方面，从他对事迹的细致记载中，我们可以较详细地了解这一段时间内李翱本人的活动，包括他几次患病的情形，他在沿途的游历经过，他们路途所遭遇的气候难题及妻子在衢州生下女儿的情形。这些都是非常翔实可靠的历史研究资料。

《何首乌录》分两个部分。前一个部分讲故事，借出现于华阳洞门口的一个神秘老人之口介绍何首乌的来历和传说。故事从顺州南河县一个叫田儿的老人讲起。田儿是一个天生没有生育能力的人，一个人单身活到五十八岁，喜欢喝酒。有一天晚上，他喝醉酒后睡在了田野中。醒来后，看见田里面有两棵藤，相距三尺远，但藤蔓相交合，长时间后才将其解开。田儿感到很奇怪，把这东西连根挖起后去问村里人，没有人知道它的名字。田儿就把这两棵相连的藤在阳光下暴晒至干枯。村里人跟田儿开玩笑说："你天生没生育能力，老而无子，这两棵藤蔓能在一起交合，说不定是神药，不如你尝下试试？"田儿于是把晒干的藤蔓研成粉末服酒喝了下去。过了七天后，田儿忽然间就有了性欲，再过了半个月，体力变强，性欲也愈发不可遏制，于是他就娶了寡妇曾氏。之后，田儿吃这种藤子上了瘾，于是每顿增加了两钱的量。又过了七百多天，田儿过去的病全好了，反而越来越年轻，竟生了个儿子。村里人都感到神奇，于是争相用这种藤子来做药。田儿十年中生了好几个儿子，都拿这个当药吃。有知道这东西的人告诉田儿说："这种藤子叫交藤，吃了它能活到一百六十岁。而在古代方子上没有记载它。我老师把这东西传给我，也是从南河县得到的。我吃了后，也才有了儿子。我这个人生性好静，但是此药是伤害安静的，所以就不再吃了。你偶然获得这个药，真是大幸啊。"
为了铭记田儿生儿育女的功绩，所以将田儿改名为"能嗣"。
能嗣活到一百六十多岁，生男女共十九人。他儿子庭服也活了
一百六十岁，生男女共三十人。庭服的儿子首乌吃了这个药，
活了一百三十岁，共生男女二十一人。

后一个部分是药材说明。内容主要引用了安期的《叙交
藤》中对此药的记载。书中说这个叫交藤的药味道甘甜，主要
治疗"五痔腰腹中宿疾冷气"，吃了后能让人增食欲、长力气，
延年益寿，岭南地区各地都生长。此药的形状、颜色、食用方
法和忌讳等在文章中都有详细介绍。

后来，孟侍御认识了叫何首乌的人，并经常从他那里弄药
吃，发现此药功能果然名不虚传。宾州牛头山也出此药，南方
人因何首乌的人名而把此药称作"何首乌"。

第 5 章

复 性 思 想

与老师韩愈一样，李翱也是身兼文学家和哲学家两重身份。他在哲学思想上的主要成果是他的"复性"思想。李翱论述"复性"思想的主要著作是《复性书》三篇。此外，他在《从道论》《答侯高第二书》和《去佛斋论》等文章中对"复性"思想也有一定阐发。

一、李翱复性思想的渊源

任何思想都不会是无本之木、无源之水，李翱的复性思想也不例外。李翱的复性思想主旨是从形上学的层面探讨儒家的人性论问题。借此，李翱意图重振汉末以来就逐渐衰微的儒家思想，以对抗日益繁盛的外来文化——佛教思想。所以他的思想渊源实际上比较复杂，既有对儒家前辈观点的继承，也有对儒家典籍的发掘，甚至还有对他所极力排斥对象佛教思想的吸收。

儒家先贤的人性论

李翱的复性思想主要讨论的是人性问题。作为儒家哲学思想的代表人物，李翱首先对在他之前的许多儒家先贤的人性论观点进行了继承。人性论问题在中国思想史上一直是个重要话题，不同时代的不同思想家对这个问题进行过各种各样的分析。自先秦以来，出现了儒家、墨家、道家、法家、魏晋玄学等许多大的流派的解读。在这些纷繁复杂的前贤解读中，李翱最关注的当然是儒家诸位大哲们的观点，并以之作为自己思考的主要参考依据。

在所有儒家先贤中，孔子的观点当然是最先要考虑的。但是比较遗憾的是，孔子没有对"人性"问题进行太多直接的探讨，最著名的也就是说了一句"性相近，习相远"，使人难以全面把握他对人性的看法。当然，通观整个《论语》，大致上人们还是可以看出，孔子是将"仁"及其相应的一些道德要求作为人性的主要内容。

孔子之后，孟子的人性论主张最著名，他明确主张"性善论"。孟子对人之性善的证明方法是"即心言性"。他根据最基本的生活常识，指出人人天生具有"恻隐之心"。据此他进一步推扩，认为"恻隐之心""羞恶之心""恭敬之心"和"是非之心"都是人天生具有的，而这四心正是四颗善的种子，分别会长成"仁""义""礼""智"四种善的品性。任何人的心里都具有这四个种子，只要把四个种子好好地保护，并不断通过反思和做善事的实践去培育它们、灌溉它们，自然人人都可以成长为善良的人。孟子的性善论主张影响很大，占据了儒家人性论思想的主流。但比孟子晚出一百多年的荀子却不同意性善论，他针锋相对地提出了"性恶论"。他的理论认为，人天生所具有的人性是一种自然的属性，顺着自然属性的发展，只能带来恶的后果，绝对不会是善的成果，而人之善不是天生的，是靠后天的教育实践得来的，后天的教育实践过程不仅不是对天生属性顺应，恰恰是对天生属性的矫正，即"化性起伪"。

对比孟、荀两位大哲的人性论观点，实际上能清晰地把握两者各自的优缺点。孟子性善论固然解决了人何以能为善的问题，但确实不能回答为何现实中自然成善的人很少、自然成恶的人反而很多的问题。荀子性恶论回答了现实中为何恶很多而善很少的问题，但他不能回答如果人人都天生恶因，则第一个善人是如何产生的问题。可以说二人对人性论的思考集中体现了儒家人性论思考的全部切入点，也成为后世儒家探讨人性论的主要根源。

第一个将孟、荀的思想进行综合的儒家前贤就是西汉时期的大儒董仲舒。他提出了"性禾善米"理论和"性三品"学说。根据"性禾善米"理论，人是天的一个模仿品，天是有阴阳二气的，所以人也就天生具有贪和仁两种属性。人从天那里获得的属性只是非常粗糙的初级品，就像还没有去掉壳的稻谷一样，而善就像是去掉稻谷壳以后的大米。因此，人若真正要成就善性，则必须要靠后天的努力，也就是经过加工把稻谷的壳去掉，最大的任务就是要接受教化。这样一来，荀子的问题又出现了，如果大家都是没有去壳的稻谷，谁来做第一个去壳的人呢？"性三品"学说就是为解决这个问题而提出。他认为，天生的人性并不是完全相同的，人类一共有三种人性——圣人之性、中人之性和斗筲之性，这就是"性三品"主张。董仲舒认为，圣人是天纵英才，他们就是负责来帮大家去壳的人。斗筲之人是天生恶人，无论怎么教化也不可能让他成为善人，所以只有靠刑罚来诛灭他们。这两种人在人群中数量都很少，不具备普遍性，所以虽然他们也是人，但我们不把他们的性称为人性。而人群中最多的就是介于圣人和斗筲之人中间的"中人"。"中人"之性才是真正的人性，是没有去壳的稻谷。董仲舒的人性论在解决孟荀难题上下了很大功夫，基本上构建起了一个较有解释力的体系。但他的理论很杂糅，理论本身的统一性不强，几乎就是为了解决难题而进行的几种理论的堆砌。

董仲舒之后，李翱老师韩愈也提出了自己的"性情三品"学说，这是一个非常复杂严整的体系。韩愈的人性论先将性分析成天生的"性"和性与外物接触后所产生的"情"两个部分。而性、情都有上、中、下"三品"，判断标准不是简单的善恶，而是一系列的要素。和性相联系的是仁、义、信、礼、智五个道德要素。上品的"性"能顺应全部五个道德要素并以一个为主，中品的性缺少一个主要的要素而且另外四个也很混乱，下品的性对五个要素全部违背。和情相联系的是喜、怒、哀、惧、爱、恶、欲七个情感要素。上品的情，七个情感要素的发作都能非常合适；中品的情，七个要素发作有的合适，有的不合适，但追求合适；下品的情，七个要素发作都不合适。拥有上品性的人，能随着学习越来越圣明；拥有中品性的人，可以经过教化使他向善；拥有下品性的人，则只能让他畏惧刑罚而不敢为恶。韩愈认为，这就是能让天下安定和谐的最佳途径。显然，在韩愈这里，人性论的探讨已经非常深入。在理论层面已经出现了很浓厚的形上学色彩，而不仅仅像以前一样简单地就现实论现实了。

可以说，以上所简单分析的儒家主要的人性论主张在李翱的思想中都有体现，它们是李翱复性思想的重要来源。

发掘自《中庸》的"性命之道"

李翱对儒家先贤的观点都有借鉴，这是毋庸置疑的。不过，在所有前辈学者的观点理论中，李翱最借重的是《中庸》的"性命之道"。

在李翱之前，《中庸》的地位并没有特别突出。这篇原由孔子的孙子子思所写的篇幅不长的文章，经过后人的整理修改后，只是作为儒家文献《小戴礼记》中的一篇而存在。整理者戴德和当时所有人看法一样，只是把这篇文章当作有关教导人如何修养身心、遵守礼节的一篇普通文章。但是，李翱却独具慧眼，从中发现了这篇文章的不寻常之处。

李翱之所以能有此作为，是与韩愈的启发分不开的。当时，韩愈为了能在思想理论上与盛行的佛教相抗衡，就在儒家典籍中遍寻具有较强形上性思想的观点。最终，他在《小戴礼记》中发掘到了《大学》，认为《大学》所讲的"大学之道，在明明德，在亲民，在止于至善"正是古代圣人给我们的最高启示。此"大学之道"正是从古代圣王传至孔孟的儒家"道统"的核心内容。李翱在《小戴礼记》中找到《中庸》，正是受到了韩愈的影响。不过，他之所以会在韩愈之后继续去挖掘，也是因为对韩愈理论的不满。他认为韩愈据《大学》所构造出来的一套儒家"道统"学说还远远达不到与佛教理论抗衡的地步。他批评说："惑之者溺于其教，而排之者不知其心。"意思是说，不懂佛教的人就会被佛教吸引而沉溺于其中，而抵制佛教的人却不了解佛教思想的核心。总而言之，他对他之前的人包括韩愈在内的抵制佛教的人所做的工作不满意，所以他要进一步到儒家经典中去挖掘新的可用理论。他认为在《小戴礼记》中找到的《中庸》的思想层次比《大学》等其他儒家文献都高，尤其是《中庸》开篇讲的"天命之谓性，率性之谓道，修道之谓教"，更是儒家思想核心中的核心。

他把《中庸》中所体现出来的这一套思想称作儒家的"性命之道"，认为这才是从古代圣王传至孔孟的儒家之"道"的核心。孔子根据此"性命之道"，主张人性为善，通过不断修养，人人可以达到圣人的境界。为帮助人们完成这个理想，孔子制定礼仪来节制人们的行为，制作礼乐来调和人们的性情。孔子将此道传给得意弟子颜回，颜回得此道后，小心保护，可惜他短命而死。此后，孔子之孙子思得到了这个"道"，于是他写下了《中庸》四十七章以为记录。他后来把"道"传给孟子。孟子死了以后，《中庸》作为文章仍然在后世流传，但是所讲的"性命之道"的根本问题却失去了传人。

> 呜呼！性命之书虽存，学者莫能明，是故皆入于
> 庄、列、老、释，不知者谓夫子之徒不足以穷性命之
> 道……

李翱指出，孟子死之后的儒家知识分子，特别是汉朝以来的儒家知识分子都只注意对儒家经典文献进行字词句的解读，从事所谓"词句之学"，而没有人再能明白《中庸》这篇文章中所隐藏的"性命之道"了。不仅如此，大家还把凡是涉及"性命之道"的文献列进了道家与佛家之中，完全失去了对这一高层次问题思考的兴趣。这就是为什么后世儒学日渐衰微，不能与佛教理论相抗衡的根本原因。在这种局面下，李翱立下志向，要将遭受障蔽的"性命"之学重新开掘出来。

> （学子）有问于我，我以吾之所知而传焉，遂书
> 于书，以开诚明之源，而缺绝废弃不扬之道，几可以
> 传于时。命曰《复性书》，以理其心，以传乎其人。
> 呜呼！夫子复生，不废吾言矣。

显然，李翱认识到，要完全复兴儒家的"性命"之道，仅靠《中庸》的这几句话还不能从根本上解决问题。所以他在《中庸》思想的基础上继续发挥与思考，同时也与其他人进行切磋，最终成就了传世名著《复性书》。他认为《复性书》可以从思想根本处打开通道——"开诚明之源"，从而使儒家思想有了与佛教思想相抗衡的最内核的东西。最后，他更是极自信地认为，即使孔夫子再生，也会肯定自己。由此可见，李翱已经把自己当成了孟子以后的"性命之道"的继承人。

"排佛"与"用佛"

作为中唐时期儒家重要代表人物，李翱与老师韩愈都是坚定的抵制佛教的思想家，这一点毋庸置疑。

"排佛"也因而成为他思想的一个重要起因。李翱认为，佛法自汉朝末年传入中国后六百多年间之所以发展迅速，就是因为没有人进行得力的抵制，使得这种"夷狄之术"横行于中华大地。当时许多士大夫都附会佛教之说，行中国之礼仪也参照佛法，使儒家特有的"礼"发生谬乱，成为"戎礼"。当时有个叫杨垂的县令编了一部《丧仪》，其中讲到了一个"七七斋"的仪式，要求"七七斋"中间要把死者的衣服送到寺庙，以为死者祈福。李翱对此大加批评，认为这就是非常典型的以戎狄之法变乱中华圣人之法的做法，是伤礼害道的行为。在反对佛教礼仪的同时，李翱便大力重申了儒家礼法不可动摇的主张。他说道，讲究人伦之道，以君臣、父子、夫妇、兄弟、朋友这些关系来维系社会存在，注重亲情、和谐，这些都是中华文化自古以来的特色，不可随便更改。维系这种人伦关系的纽带是儒家的仁义道德，与来自印度的佛法根本不同，不能以彼代此。

　　不过，李翱虽然反对佛教，但同时也承认佛教理论有可取之处，尤其是这一套理论在论证"心性"、劝人向善方面的确有其独特之处。李翱把佛教的思想理论与佛教的宗教形式作了区分，他认为，所要坚决反对的是后者，而不是前者。因此，李翱对待佛教的态度，并不是简单的打倒，而是在抵制佛教宗教扩张的同时，吸取佛教思想理论的合理成分，为我所用。他的复性思想中有很大一部分理论方法与观点来自佛学，特别是佛教禅宗的理论。从某种意义上讲，李翱是利用佛教在"心性"方面的某些理论来改造和重新发展儒家的"心性"理论。他吸收佛教理论则体现的是一种促进文化交流融合、推动本土思想理论创新发展的合理的文化价值观。这就是李翱的"用佛"思想主张。

　　从李翱个人经历来看，他对佛教理论是很有兴趣的，不仅认真学习过许多佛教文献，而且还和许多僧人有密切交往。唐宪宗元和十五年（820），李翱出任朗州刺史、湖南观察使期间就曾和湖南澧州著名的僧人药山惟俨禅师有过一段交往。药山惟俨禅师是禅宗南五宗之一曹洞宗的始祖之一，当时名气很大，宰相崔群等朝中大员都曾跟他学佛。

李翱很早就听说过药山禅师的名气，也很想与药山禅师见面听他讲佛学。他就任朗州刺史后，曾多次派人请药山禅师前来自己的驻地说法，但是药山禅师一次都没有去。于是，李翱便找了个空闲时间，亲自前往药山拜谒老禅师。

李翱第一次见药山禅师的时候，药山禅师正在读经书，拿着经书，看也不看李翱。旁边的侍者就报告说："李刺史来见您。"李翱性子比较急，不等药山禅师回应，就高声喊了一句话："见面不如闻名！"说完便拂袖而出。药山禅师在后面招呼道："刺史留步！"李翱应声回头。药山禅师说道："刺史为什么看重耳朵听到的而轻视眼睛看到的呢？"（意指刚才李翱所说的"见面"不如"闻名"。）李翱一听这话很有智慧，便连忙回身，向药山禅师鞠躬行礼。

两人谈话时，李翱问道："如何是戒定慧？"

药山禅师道："我这里没有这些闲家具。"

药山禅师显然是在和李翱打机锋，意思是这个问题不可如此来求问。不过，李翱听了这古怪的回答，茫然不明所以。

药山禅师启示他："高高山顶立，深深海底行。"李翱若有所悟。

李翱又问道："如何是道？"药山禅师用手指指天空，又指指眼前的净瓶，说道："会吗？"李翱道："不会。"药山禅师接着说道："云在青天水在瓶。"李翱一听这话，突然就领悟了药山话中的含义，就好像黑漆漆的屋子突然明亮了起来，又好像厚厚的冰层突然消融了一样。李翱非常高兴，起身向药山禅师致谢作礼之后，做了一首偈诗：

炼得身形似鹤形，千株松下两函经。

我来问道无余说，云在青天水在瓶。

此偈诗前两句是李翱对药山禅师的赞咏，"松""鹤"都是中国文化中的吉祥之物，所谓"松鹤延年"。李翱说老禅师修炼得一副仙风鹤骨，就像千株松树下的经书一样高深典雅。后两句是说自己在药山禅师的启发下所获得对佛法的领悟，核心就是"云在青天水在瓶"一句。这句话包含了两层意思：一层意思是说，云在青天上，水在净瓶中，这都是非常简单、自然而然的事情，明白事物的简单、自然，也就明白什么是道了；第二层意思是说，瓶中的水像人心一样，它本身是清澈的，只要保持清净不染，就是最好的境界，天上的云也像人心一样，随风而动，自由变化，只要人不强求，人心就始终是自由无碍的。

李翱从药山禅师等僧人那里吸收的佛家关于人性、人心的思想对他自己的复性思想产生了很深的影响。

借鉴佛、道二家"心性"思想

在中唐思想家中，李翱对儒家以外的佛、道两家理论的吸收转化是比较有代表性的。这种吸收转化首先就体现在他对佛、道两家在"心性"思想方面观点的借鉴。

佛家的"心性"理论对李翱的复性思想有三方面的影响。

其一，无自性的思维方式。"性空缘起"是早期佛教一个重要理论观点。根据这个观点，世界上一切事物其本质都是"空"，都是没有本性的，所有事物的存在都"因缘聚散"，缘合就生，缘离则灭。佛教这种理论意在引导人们透悟宇宙人生之本是"空"，明白人们所经历的一切都是幻象，从而去除对俗世间各种事物的迷执，最终成就佛果。类似的思维方式在李翱的复性思想里被多次使用。比如，李翱在思考自己的"性"

观念时采用了"性无自性"的说法。同时，李翱在解释"情"的时候也用了"情不自情"，情之产生也是"无因而生"。

其二，**"佛性"说。**佛性也是佛教理论中重要的概念，它指的是世界宇宙的最高本体，也是人可成佛的最根本依据。在不同佛教流派中，佛性也被称为中道、法性、真如、如来藏、自性清净心等。佛性作为宇宙的最高本体，无处不在，广大清明，具有绝对性和永恒性。对于包括人在内的所有生命而言，《大般若涅槃经》说"一切众生悉有佛性"，即人人皆有佛性，"（众生）常为无量烦恼所覆，是故众生不能得见"。也就是说，众生本有佛性，只为尘世烦恼所遮覆，所以不能彰显自身的佛性。"若能了见真如佛性，则得名为大涅槃也。"如果能够觉悟，明了自身的佛性，就可以达到完全解脱的大涅槃境地，见性成佛。"佛性"这种作为世界本体以及在所有人那里都具有的特点对李翱的"性"概念影响显然也很深，从某种意义上讲，两者的特点有一致之处。

其三，**佛性与人心的联系。**隋唐的佛教学者都很注意突出心的作用，借助心的环节，作为世界本原独立存在的佛性与众生相联系起来了。佛性在众生那里就体现为众生的本心。所以，人若要成佛，就必须通过对本心的体证来达到对佛性的了悟，才能成佛。这个特点对李翱复性思想中"复性"方式的影响也很大。

道家的"心性"思想对李翱的影响主要是"虚"和"静"。

道家思想的最高境界是自然无为，而要达到自然无为就离不开"虚"和"静"两者。道家创始人老子说："道冲，而用之或不盈。渊兮，似万物之宗；湛兮，似或存。"意思是说，道是虚空，它的作用永远虚是道的特性，它深不可测，湛然明净。"夫物芸芸，各复归其根，归根曰静。"意思是说，静为万物之根本，万物纷繁复杂，最终各自要返回它们的本根。道家另一位大师庄子进一步发挥老子致虚守静思想，提出"唯道集虚，虚者，心齐也"。意思是道是虚的集合，所谓虚，就是心与万物相齐一而不分歧。

在李翱的复性思想中提出人性的根本特点是静的观点，在解读《中庸》时，也提出过以"虚"来界定《中庸》中"诚"之道特征的说法，这中间显然是受到了道家思想影响。

借鉴佛、道二家"情恶"思想

探讨人性论一定缺少不了对"情"的分析。但在唐代以前的儒家学者那里，对情的分析不够细密，往往是在分析"性"时附带来说"情"概念的，而"情"在道德价值上的性质也就与"性"相统一，没有太多独立属性。与儒家不同，道家和佛教思想则将"情"明确定义为"恶"，且与"性"相对立。这种观点影响了李翱对"情"的分析。

佛教思想的"情执"理论。佛教引导人追求人生解脱的涅槃境界，就必须根除一切妨碍生命超脱的障碍，最大的障碍就是"情执"。在佛教理论看来，众生虽都具有佛性，但却被烦恼无明所遮覆，佛性不能开显。什么是烦恼？佛教认为就是贪、嗔、痴、慢、疑、恶见等污染、扰乱人本心情绪类事物，也就是"情执"。它是成佛的魔障。《坛经》中说："人我是须弥，邪心是海水，烦恼是波浪，毒害是恶龙，虚妄是鬼神，尘劳是鱼鳖，贪嗔是地狱，愚痴是畜生。"此处把成佛比喻成一条充满障碍的道路，"区别人和我"的观念就是阻挡前进的须弥山，"邪妄之心"就是淹没人的海水，"烦恼"就是海里的波浪，"歹毒害人之心"就是海里的恶龙，"虚妄之心"是路上的鬼神，"在尘世中的劳累"就是海里的鱼鳖，"贪婪和生气"就是地狱，"愚昧和痴心"就是拦路的畜生。一句话，人的真如佛性被"情执"所障蔽了，成就佛性的途径就是要消除"情执"——"除人我，须弥倒；去邪心，海水竭；烦恼无，波浪灭；毒害忘，鱼龙绝。自心地上，觉性如来，放大光明，外照六门清净，能破六欲诸灭。自性内照，三毒即除，地狱等罪一时消灭。"

道家、道教思想的"情染"理论。道家、道教都有指导人保全生命颐养天年的追求，完成这个追求也需要摒弃"情"的负面影响。早期道家经典文献《庄子·庚桑楚》说："彻志之勃，解心之谬，去德之累，达道之塞……恶欲喜怒哀乐六者，累德也。"彻底发挥意志，解除心中的谬误，去掉道德的拖累，就能疏通"道"的拥塞，也就是达到理想的追求。其中，"恶欲喜怒哀乐"这六种"情"就是道德的拖累，是需要去掉的。隋唐时期，道教学者进一步发挥道家前辈的主张，提出"情染"理论。他们认为人人都有本身清净的道性，这是人的"真性"。但人在具有肉身的形体以后，眼、耳、鼻、舌、身、意六根都受到情的污染，于是欲望就放纵起来了，真性也就离散了。所以能使人保全生命的是清净的"道性"，使我灭亡的则是"情"的污染，只有去掉"情"，"性"才可以得到保全生命颐养天年。

正是受到了佛教和道教相关理论的影响，李翱的"情"概念才呈现出了恶的属性，不仅与原始儒家的许多思想家观点不同，甚至与他老师韩愈的观点也不同。

二、复性思想的内容（一）：性与情的关系

李翱的复性思想主要讨论人性问题，主要包括三个大的方面：一是性与情的关系；二是以"诚"之道来统摄性与情；三是普通人达到圣人的途径——忘情复性的修道方法。

"性""情"的基本含义与基本关系

李翱吸取前人的人性论观点，尤其是《中庸》、孟子、韩愈和佛教的人性思想，解释了性和情的概念及其相互关系。应该说，在中国哲学史上，明确将"性"和"情"分开讨论，详细分析各自的含义及相互关系的儒家学者，首推韩愈、李翱师徒。在他们之前的儒家都不太注意这个问题。相比较而言，探讨这个问题更多的是道家学者、魏晋玄学思想家以及佛教学者。显然，李翱能在人性论中将此问题放在核心地位来论述，体现了鲜明的时代特色，也体现了他与韩愈在思想上的确吸收了多家理论。李翱具体的讨论"性""情"的思想，分成三个方面。

第一，解释"性"与"情"各自的含义。

什么是"性"？李翱认为："性者，天之命也。"这是李翱发挥《中庸》的观点，将人之"性"看作天赋予人的本性。

什么是情？"情者，性之动也"，"喜、怒、哀、惧、爱、恶、欲七者，皆情之所为也"。情是性发动之后的表现，它具体体现为人的高兴、愤怒、哀伤、恐惧、喜爱、厌恶、欲求七种情感。

第二，解读性与情之间的基本关系。

> 性与情不相无也，虽然，无性则情无所生矣，是情由性而生；情不自情，性不自性，由情以明。

二者关系有两个层次。第一个层次，性和情是相互依赖而不是相互排斥的。所以说，离开性，情自己不能表现自己；离开情，性自己也不能表现自己。第二个层次，性与情的地位是不平等的。其中，性处于更基本的地位，情则处于派生的地位，由性所派生，是从属于性的，但性本身也需要通过人的情来表现。

第三，圣、凡的区别与性、情之间的关系。

人之所以为圣人者，性也；人之所以惑其性者，情也。喜、怒、哀、惧、爱、恶、欲七者，皆情之所为也。情既昏，性斯匿矣。非性之过也，七者循环而交来，故性不能充也。水之浑也其流不清，火之烟也其光不明，非水火清明之过也。沙不浑流斯清矣，烟不郁光斯明矣，情不作性斯充矣。

大意是说，人能成为圣人的根据在哪呢？就在于人具有高贵的"人性"。那么人的"人性"为什么有时候会惑乱不明呢？这是由于"情"的作用。欢喜、愤怒、哀伤、恐惧、喜爱、厌恶、欲求，这七种都是"情"的表现方式，人的情感作用的发挥如果失去规范，达到昏昧的状态时，"人性"就隐藏起来而发挥不了作用了。但这并不是"人性"本身的问题，而是因为七种情感的作用循环交叉地发作，使得"人性"无法保持本来的充实俱足的状态。这就好像水变浑浊后，它流淌的时候就不可能清澈；燃烧的火如果不停地冒黑烟，那火光也无法明亮起来。显然，这不是水流或火光本身的问题，要是水中的泥沙不搅动，则水流自然清澈；要是火中的黑烟不弥漫，则火光自然通透光明。相同的道理，人的情感如果不乱发作，则"人性"一定可以充实自足。

也即是说，对一般百姓成为圣人起到关键的推动作用的是"性"，而起到阻碍作用的是"情"。

既然如此，是否可以说，圣人与一般百姓的区别是不是在于两种人的"性"有区别呢？

然则百姓者岂无性耶？百姓之性，与圣人之性弗差也。

不是这样的，百姓怎么可能没有"性"呢？百姓们的"性"与圣人的"性"在本质上并没有差别。

那么，造成圣人与百姓实际差别的是什么呢？

这个差别有两个方面的表现，就"性"而言，关键看拥有"性"的人能不能认识到"性"。显然，圣人就是能充分认识到自己拥有来自天命的"性"，于是才能不会感到疑惑迷茫。百姓虽拥有"性"，但是终身都不能认识到这一点，也就一直处于昏昧迷惑之中。

就"情"而言，圣人虽也有情，但是他面对情能"寂然不动"，不被活动的"情"所随意带动，所以可以说"虽有情，未尝有情"，也就是说有情但是不被情所左右，看起来像是没有情似的。反过来，百姓在面对情的时候，就把持不住自己，轻易地沉溺到情之中而无法解脱出来，终身不停息，最后也就一生处于昏聩之中了。

李翱为了使人对这个问题有更形象的理解，他直接举历史人物来对此进行举例论述：

桀、纣之性，犹尧、舜之性也。其所以不睹其性者，嗜欲好恶之所昏也，非性之罪也。

桀、纣这样的暴虐小人的"性"，与尧、舜这样的圣人的"性"是一样的。而桀、纣这样的暴虐小人却看不到自己本善的"性"，这是由于喜好欲望之类的"情"让他们糊涂了的缘故，这不是"性"的罪过。

性善情邪

在李翱看来，之所以"性"对平凡百姓成长为圣人会起到最根本的推动作用，其原因就在于"性"本身是绝对的善。这里显然继承了孟子的性善论主张，当然也有所发展。从理论上看，孟子的人性善指的是人心中具有能成善的萌芽和种子，体现的是一种趋势，还不能算是实质。相比之下，李翱则明确肯定了人已经具有这种自足的善性，而不仅仅是萌芽。

和性本善的特点相比，情的属性中含有邪妄的因素，所以阻碍一般百姓成为圣人的障碍就是情，也就是所谓"人之所以为圣人者，性也；人之所以惑其性者，情也"。

有人问李翱："人做坏事，与'人性'没有关系吗？"

李翱回答说："当然没有关系了。人做坏事，都是'情'导致的。'情'中间有善有不善，'性'中间没有一丝不善的成分。孟子曾说：'人没有不是向善的，就像水没有不是向下的一样。不过，如果用力去拍击水，可以使水飞溅起来高过下巴；用力去推动水，就可以使水流上山头。难道我们能因此认为，向上爬是水的本性吗？'显然，我们不会这样认为，我们知道水之所以会这样，是有外力影响它的缘故。那么'人性'本善的问题与此相似。人的'性'都是善良的，做坏事是由于受到了外力的影响。"

当然，从中我们也可以看出，"情"是人会做恶事的重要原因，但"情"也并不是完完全全等于"恶"，按照李翱的说法，也是"有善有不善"。"情"只是相对于"性"而言，具有带来恶的可能性。

性是善的，情是恶的，那么，性质对立的性情在同一个人身上能够同时存在吗？李翱认为可以同时存在，但是存在的表现不同，主要是圣人与一般人有差别。对圣人而言，他始终能保持"性"之善，不被"情"之邪妄所误导，这样圣人的情实际上就不会表现出"恶"的一面，情基本上就被"性"的善所控制住了。这是一种积极意义的共存。而对一般人而言，虽然他也具有善的人性，但他们却不能坚守住"善性"的根本位置，容易被"情"的邪妄所惑，最终也就使得性之善不能表现出来，而情的恶却不断表现。这里性和情实际上是以一种"情掩盖性"的方式实现了共存，这是一种消极的共存。

那么，为什么只有圣人能做到不被"情"所惑呢？李翱认为，这是因为"圣人"具有"先觉"的特点：

> 圣人者，人之先觉者也。觉则明，否则惑，惑

136

则昏。

圣人是人中间的先知先觉者。由于他能觉悟到他本善的性，所以他就是清醒而有智慧的圣人。反之，如果不能觉悟到人本善的性，则人会处于困惑迷惘之中，人一旦困惑迷惘，就表现为昏聩愚蠢。

实际上在李翱的人性论中，能否"觉悟"就成为了区别圣人和一般人最关键的因素。而"性"与"情"能否真正有价值的统一，起决定作用的也是"觉悟"的能力。"觉悟"的能力从何而来呢？这就涉及复性思想的另一个重要组成部分——"诚"之道。

三、复性思想的内容（二）："诚"之道

"诚"范畴的地位在儒家道德哲学体系特别是人性论思想中占有重要地位。在先秦儒家经典文献中，"诚"的出现较为频繁，在《易传》《大学》《中庸》《孟子》《荀子》等中都出现过。尤其是《中庸》，将天人之道、内外之道归结为一"诚"字，使得"诚"范畴获得了很高的形上本体地位。李翱非常推崇《中庸》，当然也就非常重视"诚"之道。他在自己的复性思想中充分发展《中庸》"诚"的思想，使"诚"成为"性""情"相统一的关键一环。

"诚"的含义

《中庸》里面，"诚"的基本含义即是"真诚"，而且特指对自己的"真诚"——"诚乎身"。它属于人进行道德修养的一个环节，人的道德修养从"明乎善"开始，依次经历"诚乎身""顺乎亲""信乎朋友""获乎上"，最后达到"民得治"的良好社会效果。这一系列的道德修养过程正是儒家实现最高

理想的途径，显然，"诚乎身"在其中起到很关键的基础作用。因为整个过程的第一步——"明乎善"，也就是"理解道德知识"是属于精神层面的步骤，只有经由第二步"诚乎身"才进入实践的环节。儒家正是重视实践的学派，所以自然也就非常重视"诚"。为了突出"诚"，《中庸》接着指出："诚者大之道也，诚之者人之道也。"这句话包含两层意思。第一层意思是解释，解答为什么"诚"的地位这么关键呢？原来"诚"是来自天赋的"道"，人能把这个天赋的"诚"在自己的行为中坚持贯彻，那就是做人应遵循的最高之"道"了。第二层意思是确认，确认"诚"在整个儒家道德哲学体系中的奠基作用，用哲学术语的话说就是确认其"本体"地位。因为只有"诚"可以沟通"天"与"人"，只有通过"诚"，人才能把来自"天"的最高之道践行于人的活动中。所以，《中庸》进一步指出，"诚者不勉而中，不思而得……圣人也"，能真正做到"诚"的人不费劲就能符合"道"，不费思虑就能获得"道"，这就是圣人了。

李翱接受了《中庸》对"诚"的理解，在文章中多次引用《中庸》的原话来表明自己的态度。在此基础上，他做了进一步阐发，对《中庸》中没有解释但又需要解释的问题进行了解释。这个问题就是，为什么作为人道的"诚"可以具有天道的性质？换句话说，《中庸》只告诉了我们，"天道"与"人道"可以统一于"诚"，但为什么可以这样呢？这个问题在《中庸》里面显然只是将它视为不用解释的当然结论，没有进行解答。

李翱对"诚"的进一步阐发是借鉴儒家另一本经典文献《易传》中对"易"的解读和佛教对"佛性"的解读来进行的。

李翱引用《易·系辞》中的观点说道："'易'无思也，无为也，寂然不动，感而遂通天下。"意思是说，"易"顺乎自然而成，无思无为，幽静不运动，与天下万物感悟相通。他又引用说："（易）范围天地之化而不过，曲成万物而不遗，通乎昼夜之道而知，故神无方而易无体。"意思是说，"易"的广大足以包容天地的化育而不偏失，足以曲尽周密地助成万物而不遗漏，会通昼夜幽明的道理而无所不知，所以事物的神奇不会拘泥于一处而"易"的变化也不会定于一体。这样，"易"的含义就显得很复杂，既是寂然不动的，又是变化不定的，既是与万物感通的，又促成万物发展。这样的特点表明"易"所代表的并不是一般的事物，而是超越于宇宙万物之上的那个对世界发展起到决定作用的本体——"道"。这样的"易"和"诚"有什么关系呢？李翱认为，"诚"也正具有与"易"相类似的性质："知本无有思，动静皆离，寂然不动者，是至诚也。"意思是说，超越一切思虑，超越一切动静，寂然不动的事物，就是"至诚"。这样的性质的确与"易"是相类的，既然"易"代表的是宇宙最高本体——"道"，那么，"诚"当然也不例外，同样代表了"道"。"诚"既然代表了"道"，那么不管是"天道"还是"人道"，当然都可以在"诚"中得到统一。对此，李翱进一步解释说："是故诚者，圣人性之也。寂然不动，广大清明，照乎天地，感而遂通天下之故，行止语默，无不处于极也。"意思是说，"诚"是圣人的本性，它幽静不运动，广博高大又清澈明达，智慧见识鉴察天地万物，与天下万物感悟相通，圣人因此在言行举止上能显现极尽圆满的境界。这段解释进一步凸显了"诚"与"易"的相联系之处，强化了"诚"代表"道"的性质。同时，"佛性"在其中也体现出来了，"诚"所具有的"广大清明，照乎天地"的特点正与佛性的"真如"是相类似的。

"诚"与人心

李翱在将"诚"阐发为宇宙最高之"道"的同时，也非常注重"诚"与人心的结合。这也是对传统儒家道德修养体系的一个发展。

重视道德修养，将成为道德上的"圣人"作为理论的最高理想，这是所有儒家学者共同的追求。不过在如何成为"圣人"的问题上，儒家学者是有分歧的。这种区别大体上可以分为两类：一类以《中庸》《孟子》为代表，强调人性的相同，注重挖掘人内在的善性，以发挥个人的主观能动性作为"成圣"的主要方法；另一类则以汉儒为代表，强调人性的差异，注重树立外在天道的善性来规范人，以发挥外在的礼义教化对人的约束作为"成圣"的主要方法。

李翱的时代，后一种方法是比较流行的，其老师韩愈也正是其中的代表。但李翱却不满足于这条道路，他选择了继承《中庸》《孟子》的前一条道路。曾有人问李翱读《中庸》有什么不同之处，李翱说，过去的人读《中庸》都只看到里面约束人的一些具体规范，而我看到了里面的"心"。这个"心"指的就是包含了"诚"之道的人"心"。李翱认为，作为"道"代表的"诚"与万物感通，同时存在于每一个人心中。他说，人天生是安静的，这是人的天性，也就是"诚"的那种无思无为、寂然不动的状态。因此，人的道德修养途径就是"率性"而为，不断地返回到"诚"的状态中去，一旦人这样做，"诚"所具有的能量也就会源源不断地释放出来，不断扩充人的道德境界，最终促使人成为与天地相参的最高境界的圣人。李翱引用《中庸》中著名的话来说明这一点："唯天下至诚为能尽其性；能尽其性，则能尽人之性；能尽人之性，则能尽物之性；能尽物之性，则可以赞天地之化育；可以赞天地之化育，则可以与天地参矣。"意思是说，只有达到天下至诚的圣人能够极尽地发挥本性；能极尽自己本性，则能启发他人也极尽本性；能够带动人群极尽其本性，则能懂得充分善用事物之本性；能充分善用事物之本性，则可以赞助天地生养化育万物的任务；可以赞助天地的养育任务，则可以与天地并立为不朽了。

"诚"统性、情

《中庸》里的"诚"概念经过李翱的发展，既能代表宇宙最高的"道"，又能与人心相通，也成为了李翱复性思想中统一"性""情"的关键环节。

纯善无恶的"性"和有善有恶而偏向于恶的"情"究竟如何在同一个人身上统一呢？答案就是人心中的"诚"。"诚"代表宇宙最高的"道"，从表现来看，也具有两种截然相反的特点，一方面，它是"寂然不动"的，另一方面，它又可与天下万物相感通，是能动的。"诚""寂然不动"的特点使它与"性"相联系，因为作为天赋予人的本性，"性"是静的，能够坚守住自身而不被外物所动；"诚"可与天下万物相感通的特点使它与"情"相联系，因为"情"正是由于与外物相接，与外物触动后所引起的情感活动。而"诚"的这两个特点中，"寂然不动"更为根本，它代表了"道"的本质作用；与万物相感通的特点则是属于派生作用。这也正符合了"性"作为本体、"情"作为派生的相互关系。人拥有了"诚"之道，实际上就拥有了选择之能力，关键看人是否会选择向"寂然不动"的性复归。能这样选择，人就能觉悟，从而朝着"圣"的方向前进；不能这样选择，人就被"情"所牵引，无法觉悟，始终处于迷茫之中而不能自拔。

李翱这样的思路很明显是受到了佛教"一心开二门"思维模式的影响。"一心二门"原理来自佛教经典《大乘起信论》。该理论认为，"一心"指众生都具有之心，"二门"指在此心上所开的"真如门"和"生灭门"。"真如门"代表宇宙万物之本体，也是心之本体，是不生不灭的；"生灭门"代表宇宙万物之现象，是不断生灭流转的。因此，同一颗心，进入真如门，人即觉悟、成佛；进入生灭门，人则迷妄、为普通人。两者对比，显然，李翱思想中的"诚"之道的地位相当于"一心二门"中的"一心"，"性"相当于"真如门"，"情"则相当于"生灭门"，成圣即等于"成佛"。

当然，李翱只是借鉴了佛教的思维模式，在概念的具体含义上还是坚持了儒家的主张。比如"诚"的含义与佛教的"心"大相径庭：佛教的"心"是"自性清净心"，是排除了所有道德因素的，而李翱所说的"诚"仍然包含着最丰富的儒家道德含义。

四、复性思想的内容（三）：灭情复性

在详细分析了"情""性""诚"之道的内容的基础上，李翱探讨了"成圣"的途径——灭情复性。这是李翱思想最终的一个主旨。

灭情复性的具体方法

根据前面思想的铺垫，李翱很自然地得出"灭情复性"的"成圣"方法。

> 妄情灭息，本性清明，周流六虚，所以谓之能复其性也。

人性如同水一样，本是清澈明亮的，因为有了泥沙一样的"情"混入，人性才变混浊了；如果能让泥沙沉淀停息，则水自然可以恢复清澈之体。与此相同，人如果能做到将"妄情"灭息，则即可恢复清澈的本性，成为圣人。

具体而言，李翱为人们创造的"灭情复性"方法分为两个步骤。第一步是"斋戒其心"；第二步是达到"至诚"境界。

先来看第一步。有人问他，人已经沉溺于情中昏聩很久

了，如何能"复性"呢？他回答说："弗虑弗思，情则不生；情既不生，乃为正思。正思者，无虑无思也。"也就是说，不要随便起虑，不要胡思乱想，则情不产生。情不产生，就是最纯正的思想状态。纯正的思想下，人就没有顾虑，也没有胡思乱想。"弗虑弗思"并不是要停止一切思考活动，而是指"思无邪""闲邪存其诚"，即排除思虑中的杂念，排除邪情。这个步骤因为主要是针对拥有思考能力的"心"来进行控制的，李翱就把它称为"斋戒其心"的做法。

但这一步有问题。李翱认为，"无虑无思"的所谓"正思"仍然还是"思"，是一种带强制色彩的人为心理活动。这一层次的活动，虽能一定程度上达到"复性"所需要的心"静"的状态，但这个"静"还是人为强制达到的，这样的"静"是含有动的，即"有静必有动，有动必有静；静不息，是乃情也"。人心实际上还是在"静""动"两个状态中来回变化，这种状态下，"情"就会再次出现。所以，"斋戒其心"不能算是真正的"复性"，还需要进一步往前发展。

这样就进入第二步，达到"至诚"境界。

对于这两步的区别和"至诚"的含义，李翱说道："方静之时，知心无思者，是斋戒也；知本无有思，动静皆离，寂然不动，是至诚也。"意思是说，第一步的"斋戒"，只是在刚好处于"静"的状态下知道自己的心现在没有思虑杂念而已；第二步的"至诚"，则是知道了本来就没有思虑这回事，既不牵涉于动，也不牵涉于静，幽静而不动摇。两者差别当然很大了。

李翱进一步解释"至诚"。他指出"动静皆离，寂然不动"，并非是说完全没有了任何接触外物的精神和身体活动。李翱明确说明："不睹不闻，是非人也""视听昭昭而不起于见闻，斯可矣"。也即说，谁要是真的不看不听，不和外界接触，那就不是人了，只是要人在从事听、看这些活动时接触外物但不执着于物，产生了情但不被情所拖累。李翱在《复性书》中引用《中庸》的论述来说明这一点："喜、怒、哀、乐之未发谓之中，发而皆中节谓之和"，也就是说达到"至诚"境界的人，绝不是没有了喜怒哀乐这些情感，喜怒哀乐"发而皆中节"，产生的情感都是符合礼节要求，和"道"也是相符合的。就具体的实例而言，李翱认为子路之死就是很好的体现。众所周知，子路实际上是甘愿赴死。子路明明知道卫国发生了政变，自己去也是寡不敌众，但他还是义无反顾地去了。在死前，他还把自己的帽子戴正了才咽气。人人都以为子路是勇敢不怕死的英雄，但李翱不这样认为，他说："由非好勇而无惧也，其心寂然不动故也。"意思是说，子路并不是勇敢而不怕死，他是因为心"寂然不动"的原因而赴死。也即子路当时就达到了"至诚"的境界，并不被外物环境所左右。他之所以去赴死，不是我们一般人认为受勇敢的情感所促使，而是他认定自己的行为合乎"道"，那么任何情感都不能对他起到干扰作用。死亡对于常人来说是"恐惧"的事情，需要"勇敢"的情感来克服，但子路则根本没有产生畏惧，也就无所谓需要勇敢了。

灭情复性的终极成就

李翱阐述灭情复性理论，最终的目的还是成就儒家的"圣人"理想。这一主张是体现李翱儒家学者思维特点的关键之处。

"圣人"实际上在佛教、道教思想中同样也是所追求的最高理想，从某些特点来看，各家的"圣人"有不少相似之处。包括摆脱了情欲的干扰、可以一心在"道"的牵引下行动、与天地之德相合、与日月之光相辉映、与四时节气相协调、与影响命运的鬼神吉凶相顺应。圣人行为举止无不顺乎本性，也无不合乎天道，一举一动都能与天地运行之秩序相配合。同时，我们也发现李翱在论述自己的思想时吸收了佛教和道教的不少观点。

但是，儒家的理想还是和佛教、道教有根本区别。作为具有积极入世品格的儒家学者，无论在个人道德修养的理论上有多精细的讨论，但最终绝不会为个人品格的完善而摒弃生活世界，其最终的指向一定是要平治天下，为万民造福的。

李翱回答什么是"致知在格物"的问题时说出了这个观点：

> 物至之时，其心昭昭然，明辨焉而不应于物者，是致知也，是知之至也。知至故意诚，意诚故心正，心正故身修，身修而家齐，家齐而国理，国理而天下平。此所以能参天地者也。

意思是说，当面临事物时，心要清楚明辨，这样就不会随外物变动，这就是"致知"，是智慧最极致的层次。达到这种高明智慧，所以心意真诚；心意真诚，所以思想端正；思想端正，所以举止修养得体；举止修养得体，所以家庭和谐；家庭和谐，所以国家得到治理；国家得到治理，所以天下就达到太平。这就是能够与天地不朽的圣人境界。

从中可以明显看出，李翱所推崇的"至诚"境界，是投入实践、以完成"平治天下"为理想指向的，他绝不是要人为了达到"寂然不动"的境界而脱离现实去苦苦修行。

五、复性思想的历史地位

李翱以儒学人性论思想为主旨，借鉴佛教与道教的部分观点，创造出了复性思想。这一思想也的确影响深远，奠定了李翱在中国哲学史上的不容忽视的地位。

解答时代思想问题

李翱所生活的中唐时期是一个复杂的时代，不仅政治、经济等方面处于动荡与衰退之中，整个社会在思想层面也相对比较混乱，宗教思想在思想界影响十分巨大。本土的道教被立为国教，修习者无数；外来的佛教更是占据思想界主流的位置，举国推崇。虽说这两种宗教思想特别是佛教思想有非常精深的理论系统和思维水平，但它们根子上都是讲求"出世"，鼓励人们离群索居。这样的思想如果对一个社会影响太大，其后果就是使消极、避世的社会氛围迅速增长。

在这种情况下，一部分儒家知识分子站了出来，意图重振本土儒学，收拾人心。但当他们着手于儒学振兴实践时，却碰到了思想上的难题，主要有两个。

第一个难题，如何面对个人德行和命运遭际不一致的问题。更直接地说，就是德性修养很好的人在现实中却没有获得应有的幸福生活，包括相对优渥的物质生活、相对顺利的人生道路以及有权力的官职。这个问题应该说不是一个新问题，早在儒家创立的时候就存在这样的情况。而到了中唐时期，由于社会环境的恶化，这个问题重新成为困扰儒家知识分子的大问题。中唐时期儒家知识分子、名相权德舆就是代表，他曾在一次主持进士考试的考卷中把这个问题提了出来，要求考生们回答。他的问题表现为儒家经典《易·系辞》中所存在的三对矛盾。一是"忧"还是"不忧"的矛盾。文章说道："写《易》的人，是有忧患意识的人吧？"他明确主张儒家学者应有忧患意识，可是同时又要求大家"乐天知命，故不忧"。那么究竟人是应该忧患还是不忧？二是"多说话"与"少说话"的矛盾。文中要求"鼓天下之动者，存乎辞"，就是要求儒家学者应多说话去鼓动天下，可同时又说，吉祥的人应该少说话。三是"不动"还是"多动"的矛盾。文章既要求大家"寂然不动",又要求大家要"见几而作,乃不俟终日",也就是说要赶快行动,不要等待太久。权德舆主持的考试李翱当然没有亲自参加,但由于他的问题带有普遍性,李翱自然也会对这些问题进行思考,他的思想观点在某些意义上正是在回答这些问题。很显然,如果用李翱复性思想来解读,权德舆这些看似矛盾的问题就可以得到解释。

李翱的复性思想认为人心与来自天道的"诚"相融合,可以有"性"与"情"两种选择。如果人能体悟"诚"之道,选择复归于代表善本体的"性","性"本身是静的、明澈的。具体到权德舆的问题,"不忧""少说话""不动"就是觉悟者在"性"上面的表现。同时,复归"性"的人在"情"上面的处理也是不受困扰的,他在"情"上面的表现不能以一般人的"情"的含义去看待。因此,"忧患""多说话""赶快行动"就不能理解为常人因个人命运遭际不好而产生的不正确情绪,而是觉悟者基于"善性"本身所包含的理想而表现出的对天下苍生的关切。这些表现恰恰是正当的"情"的表现,他和"善性"是统一的。从这些理论问题回到个人德行和命运遭际不一致的问题上来看,在这种混乱恶劣的环境下,人坚持个人德行的修养正是"复性"的表现,是应充分肯定的。而个人在混乱时局下糟糕的命运遭际则可以说是"情邪"对人的考验,如果因为个人命运遭际不佳就放弃道德修养,实际上就是被"情邪"所迷惑了。说到底,坚持道德修养的人就不应该被外在的个人命运遭际的得失所影响,这就是李翱对这个问题的回答。

第二个难题,如何看待生死的问题。这个问题当然也不算新问题,自古就是思想家所思考的重要问题之一。不过在中唐佛教、道教流行的情况下,这个问题以新的面貌出现了。因为佛、道二教都把人的永生作为一个理论支点,很是受人欢迎。

道教公开追求人的肉体永生，道教理论家们把先秦道家中一些追求心灵自由的比喻性理想直接变成了可以在肉体上实现的愿望。如《庄子》所描述的神人、至人，可以入水不溺、入火不热，不怕山崩地裂，不惧雷击电闪，这本是一种抽象的比喻，可是到了道教这儿，他们就把修炼成这样一种仙人当作了目标。为达到这些目标，他们不仅从思想上探讨虚静无为的理论，还从身体上研究合乎他们要求的饮食呼吸举止，甚至还用许多矿物来炼制丹药。这些做法抓住了人最基本的"活命"的欲望，为他们赢得了不少的信徒，连皇帝都加入其中。佛教不追求人肉体的永生，但它用"佛性"不灭、六道轮回、涅槃境界等理论给人营造了一套如何达到灵魂不灭的理论系统，尤其是其精密的"因果报应"理论，更是给大量处于社会黑暗重压下的人们开出了一剂十分值得信任的药方。佛道二教这些做法的盛行，使得儒家思想必须作出回应，否则就不能与现实对话。

李翱的主张秉承了儒家先贤的思路，以"重生轻死"的态度和"自然主义"的原则来进行解读。有人问李翱："人死了会去哪里呢？"李翱回答说："这些事情，圣人在书上已经写得很明白了。《易·系辞》里面就讲道：'探索万物开始和结束的道理，就能理解死生问题；要知道生物成形是精气凝结造成的，生物变化是精气游荡成为鬼魂造成的，鬼神变化大概就是这么一回事吧。'这些话已把道理说尽了；孔子也讲过：'还不理解活的事情，怎么能理解死后的事情呢？'我们从生命结束反溯回生命起源，就可以极尽对生命之道的把握；把握了生命之道，那么关于死的问题就不学自通。相比较而言，死的问题并不是很迫切的问题，你只管不停息地去完成自己的道德修行，到时候自然晓得。"李翱对生死的解读很简要，不如佛道二教的思想精密，但却把儒家生死观的精髓悉数点出，对人颇有启发作用。

理学先驱

李翱的复性思想除了解答时代思想问题之外，在儒学发展历史中的地位也是很突出的。中唐时期，佛教、道教崛起而儒家丧失了两汉时期的独尊地位，其关键原因就在于当时的儒家思想在"心性"理论上达不到佛道思想精致的思维水平，难以与其抗衡。李翱吸收佛道心性论的成果，融合儒学思想的精髓，成为儒学发展承上启下式的人物。他创造性地提出的"复性"思想是宋代理学崛起的先声。

复性思想与宋代理学的联系主要有两个方面。

一是复性思想的"性善情邪"论与宋代理学对人性的重新解读相关联。

李翱的"性善情邪"主张人性本善，人人皆有成为圣人的可能。之所以大部分人不能成为圣人甚至有恶人存在的原因，是因为他们被"情"邪恶的作用所迷惑，失掉了自己的本性。同时，他也认为性情不是完全排斥的，而是相互依存密不可分的，二者的统一只有在能以"诚"心觉悟的圣人那里才能实现。他的解释相对于前辈儒学家的人性论而言是一个超越，较为完备，但也存在问题。主要问题就是既然情是由性所派生，为何纯善的性会派生出有邪恶的情呢？同时，既然情具有邪恶性，为什么纯善的性还需要情来表现呢？

宋代理学家吸纳了李翱的基本主张，并对其理论进行完善。他们的主要做法是对"人性"进行进一步区分，把人性分为高层次的"天命之性"和低层次的"气质之性"。只有"天命之性"是纯善无恶的，而"气质之性"则是善恶混杂的。人降生于世间就同时秉承了这两者，它们使人的现实人性形成一种"天命"与"气质"交织混杂的状态。同时，人心相应地区分为"道心"和"人心"，"道心"是从纯粹的"天命之性"

发出的，是至善的；"人心"是从"气质之性"来的，所以有善有不善。人只有通过修养，摆脱"人心"的羁绊，才能成为纯具"道心"的圣人，其他人只能是善恶不定的平凡人。

二是李翱"灭情复性"的道德修养方法与宋代理学"存天理，灭人欲"的修养方法相关联。

由于人不能成为圣人主要是由于情邪的阻碍，所以人必须要"灭情复性"，通过"斋戒其心""至诚"境界的步骤，努力修养成为圣人。这种修养方法给宋代理学家们极大的启示。他们再把人性区分为"天地之性""气质之性"，把人心区分为"道心""人心"的基础上，提出了"存天理，灭人欲"的修养方法。在他们看来，代表"天命之性"的"天理"与代表"气质之性"的"人欲"是完全对立的，所以要想成为圣人，必须通过修养，不断去除"人欲"的干扰，最后才能完全体悟"天理"的境界，具体的做法包括变化"气质"和"主敬"。变化"气质"就是指通过不断的修习，使一般人能把自己原先善恶混杂的愚昧的气质变成能觉悟的聪明之性。"主敬"是指人在具体的修养过程中，尤其是接触外物的时候，需要不断集中注意力，时常注意克服人欲的影响，持之以恒，就会有所成就。

总之，在宋代理学的主要观点中，李翱思想产生的影响是很明显的。宋代理学是在对李翱的复性思想进行批判继承的基础上完成创新的。除此之外，李翱独具慧眼，以对"性命"之道高度重视的态度挖掘出了《中庸》等儒家经典文献的价值，对宋以后的儒家学者影响也很大。现代学者傅斯年在《性命古训辨证》一书中说："儒家书中，谈此虚高者（"性命"问题），仅有《孟子》《易·系辞》及《戴记》之《乐记》《中庸》《大学》三篇，在李氏前皆不为人注意，自李氏提出，宋儒遂奉为宝书，于是将此数书提出，合同其说，以与二氏相角。"大意是说，儒家文献里面谈"性命"之道的主要是《孟子》《易·系辞》以及《小戴礼记》中的《乐记》《中庸》《大学》三篇，在李翱之前是不被人重视的，是李翱发掘了这几篇文章的价值，宋代儒学家们才将此几本书进行合并研究，"四书"作为理学研究核心文献的主张也才由此提出。由此看来，李翱确为当之无愧的"理学先驱"。

附 录

年 谱

772 年（唐大历七年）　　李翱出生于河南道汴州陈留县安丰乡（今河南开封），祖籍陇西成纪（今甘肃静宁西南）。

777 年（大历十二年）　　入学读书，"但为词句之学"。

786 年（贞元二年）　　"志于仁义"，对儒家思想进行独立思考；同时"勤于儒学，博雅好古，为文尚气"，渐露头角。

793 年（贞元九年）　　春，去州府应贡举，取得"乡贡"资格；九月，赴长安准备明年的进士试，曾"执文章一通"，拜见著名的古文家、右补阙梁肃，受到梁肃赞赏。同时，他还造访过其他一些名流，可考的有当时任右司郎中的杨于陵；十一月，梁肃疾卒于长安，李翱失所依靠。

796 年（贞元十二年）　　入徐州刺史张建封幕中，在汴州与韩愈相识。

798 年（贞元十四年）　　春，为梁肃写《感知己赋》；进士及第；秋，有一只奇特的鸟飞到了宋州城郊，当地人都叫不出这种鸟的名称，围观者很多。李翱认为这就是"鸾"鸟，与凤凰差不多。李翱写下《知凤说》一文，借物抒情。

800 年（贞元十六年）　　李翱娶韩愈兄韩弇之女为妻；写下《复性书》三篇。

802 年（贞元十八年）　　通过吏部考试，授校书郎。

803 年（贞元十九年）　　任河南府司户参军，发生"黄卷故事"风波，辞职。

804 年（贞元二十年）　　复入河南府，任司录参军。

805 年（贞元二十一年）　　升任洛阳国子监国子博士。

806 年（元和初年）　　转长安国子博士、史馆修撰。

809 年（元和四年）　　李翱受岭南节度使杨于陵之邀赴任岭南，于是年正月偕家眷离开洛阳，韩愈、石洪为他送行。十一月，以岭南节度掌书记奉牒知循州。

810 年（元和五年）　任职岭南，协助杨于陵实施了许多得民心之政事；秋，因监军许遂振之诬陷，被迫辞职，到浙东地区宣歙道观察使卢坦幕下任职，后又转到浙东观察使李逊的幕中，任观察判官。

814 年（元和九年）　李逊调职，李翱罢官在家，生活贫困，随即染病一场。

818 年（元和十三年）　到淮南节度使李夷简幕中担任幕僚；由李夷简举荐，赴京师复任国子博士、史馆修撰；十月，裴度平淮西。

820 年（元和十五年）　李翱怀着极大的热情，给宪宗皇帝条奏中兴六策。六月，授考功员外郎，并兼史职；七月，李翱受好友李景俭牵连，出为朗州刺史；穆宗即位，李翱改任舒州刺史。

823 年（长庆三年）　元稹任相。李翱回到朝廷，任礼部郎中。

824 年（长庆四年）　韩愈去世。韩愈死后，李翱非常悲痛，写了一篇情深意切的祭文悼念他。又亲自为韩愈作《行状》，交给史馆采用。面刺宰相李逢吉。

825 年（宝历元年）　四月，李逢吉推荐李翱出任庐州刺史；在任庐州刺史时，遇上大旱，疫病流行，百姓流亡；而权豪势家趁机发不义之财，贱买房屋，牟取暴利，逃避赋税，官府却仍向贫下户征赋。李翱上任后打击豪户，按田产多少征租赋，不许隐瞒。这样，减轻了贫下户的负担。

827 年（太和元年）　李翱被征入朝，授谏议大夫，不久又以本官知制诰。

829 年（太和三年）　李翱与韦辞同拜中书舍人，进入中央上层官员行列；夏，李翱因"柏耆案"获罪，降为少府少监，后被逐出朝廷，任郑州刺史。

831 年（太和五年）　十二月，任桂州刺史、御史中丞、充桂管都防御观察使。

833 年（太和七年）　任潭州刺史、湖南观察使。

834 年（太和八年）　十二月，李翱被征还朝，任刑部侍郎。

835 年（太和九年）　转户部侍郎，七月，任检校礼部尚书、襄州刺史充山南东道节度使。

836 年（开成元年）　李翱去世于襄州刺史任上，议谥为"文"，称为李文公。

主要著作

《全唐文》第七部卷六百三十四至卷六百四十收录李翱文百四篇。《四库全书·集部二》收录《李文公集》（卷一至卷五）。

代表性篇目有：

1. 《复性书》。
2. 《平赋书》。
3. 《感知己赋》。
4. 《幽怀赋》。
5. 《释怀赋》。
6. 《论事疏表》。
7. 《去佛斋论》。
8. 《从道论》。
9. 《杂说》。
10. 《知凤说》。
11. 《皇祖实录》。
12. 《来南录》。
13. 《昌黎韩君夫人京兆韦氏墓志铭》。
14. 《吏部侍郎韩公行状》。
15. 《故东川节度使卢公传》。
16. 《杨烈妇传》。
17. 《祭吏部韩侍郎文》。

参考书目

1. 〔后晋〕刘昫等撰：《旧唐书》，中华书局，1975 年。

2. 〔宋〕欧阳修，宋祈：《新唐书》，中华书局，1975 年。

3. 郝润华校点，胡大浚审定：《李翱集》，甘肃人民出版社，1992 年。

4. 卞孝萱，张清华，阎琦著：《韩愈评传（附李翱评传）》，南京大学出版社，1998 年。

5. 黄爱平：《李翱研究》，复旦大学 2007 年中国古代文学专业博士论文。

6. 马积高：《李翱生平仕履考略》，《湖南师范大学社会科学学报》1980 年第 3 期。

7. 李光富：《〈李翱年谱〉订补》，《四川大学学报》（哲学社会科学版）1985 年第 4 期。